Alfred Fouillée

L'Idée moderne
du droit
en France

Essai

ISBN : 978-1548608088

10 9 8 7 6 5 4 3 2 1

Alfred Fouillée

L'Idée moderne du droit en France

Essai

Table de Matières

I. Les origines de l'idée nouvelles du droit dans l'esprit national et la philosophie nationale.

La plupart des historiens et des philosophes, ceux de l'Angleterre et de l'Allemagne comme ceux de la France, ont constaté au premier rang, dans le pays de la révolution et du suffrage universel, l'ambition de renouveler l'ordre civil et politique en le fondant sur la pure justice ; tous ont accordé à la France une sorte de vocation historique pour l'établissement d'un règne du droit. Un des plus grands ennemis des « droits de l'homme, » un des écrivains les plus hostiles à nos gloires et à nos idées révolutionnaires, Joseph de Maistre reconnaissait cependant que la France « exerce sur les nations une puissance d'un genre particulier » qui, ayant surtout pour objet les problèmes de droit, les questions politiques ou sociales, peut s'appeler « une réelle magistrature. » Un historien bien connu de l'Allemagne, un de ceux qui récemment n'ont pas épargné les injures à notre pays, avait représenté jadis la France comme « ayant reçu la mission de réviser, d'époque en époque, les grandes lois de la vie européenne et les institutions de droit civil ou politique qu'elle avait d'abord elle-même contribué à faire prévaloir autour d'elle. » Cette mission traditionnelle qu'on accorde à la France, si elle pouvait s'accomplir jusqu'au bout, ne ferait d'elle rien moins que la législatrice des nations modernes, sans cesse en quête d'une meilleure expression de la justice. Toujours est-il que ce rôle d'initiation au droit a fait jusqu'à présent l'originalité de notre histoire. Il a fait aussi celle de notre philosophie depuis cent ans. Si les grands systèmes métaphysiques sur l'univers, auxquels s'étaient déjà élevés en France les Diderot, les d'Alembert, les d'Holbach, ont été surtout développés en notre siècle par l'Allemagne et tout récemment par l'Angleterre, en revanche les grandes conceptions sociales, — plus propres encore selon nous à faire comprendre le vrai sens de l'univers lui-même, — ont pris naissance dans notre pays avec une exubérante fécondité. Quelle efflorescence d'idées et de théories en France, depuis un siècle, sur le fondement du droit et sur toutes ses applications : rénovation sociale, politique et religieuse, droit de propriété, droit des époux dans la famille, droit des citoyens dans l'état ! Théories tantôt profondes, tantôt étranges et parfois monstrueuses, car l'esprit humain, comme la nature, ne peut être vraiment fécond sans enfanter aussi des monstres. Dans l'art, le romantisme aurait-il tout renouvelé, si sa hardiesse n'avait mêlé à la vérité quelque extravagance, et faut-il s'étonner que la science sociale ait eu aussi dans notre pays son romantisme ? Sans doute, de même que la France eut pour elle dans cet ordre de recherches le principal honneur, elle a eu aussi le principal danger, celui de voir les théories originales dégénérer en utopies, les utopies en violences ; mais il faut se désintéresser d'inconvénients pratiques qui font encore souffrir la génération présente, en considérant les services spéculatifs rendus par notre pays à l'humanité entière : il est des souffrances généreuses et fécondes qui valent mieux que le repos égoïste où s'endorment certaines nations. Pour les peuples encore plus que pour les individus, penser et chercher, c'est souffrir : *Quœsivit lucem, ingemuitque.*

Dans deux précédentes études, nous avons examiné comment l'Allemagne et l'Angleterre conçoivent le fondement du droit, comment elles font reposer l'ordre social, l'une sur une savante organisation des forces, l'autre sur une habile fusion des intérêts ; nous avons essayé à ce propos d'esquisser la physionomie propre à ces deux nations, afin de faire comprendre comment l'instinct populaire s'accorde avec les spéculations des philosophes [1]. Nous nous proposons de faire pour la France une série de recherches analogues, mais plus développées. Aujourd'hui nous voulons faire voir d'abord comment une idée nouvelle du droit est née dans l'esprit français, puis comment elle s'est développée chez nos philosophes. Ainsi nous aurons déterminé l'état actuel du problème avant d'entrer pour notre propre compte dans l'examen de ce problème lui-même.

I

Toute grande nation a son génie distinct de l'esprit des individus ; c'est ce qui fait son unité et lui donne sa force. Que ce génie s'oublie lui-même et s'affaisse, la nation semble prête à se dissoudre ; qu'il se retrouve et se ranime, la nation tout à l'heure abattue se redresse et marche. Cette âme commune à chaque nation est, comme on sait, l'objet d'une science nouvelle que les Allemands appellent la psychologie des peuples. Tandis que des contrées voisines, mettant cette science en pratique, se complaisent à réduire en formules leur esprit national, pour l'ériger ensuite en une sorte de loi et de droit supérieur à tout, il convient aux Français de se souvenir aussi d'eux-mêmes, non pour s'élever ni se rabaisser systématiquement comme ils le font parfois, mais pour reprendre, avec la conscience de leur vrai caractère, la pleine possession de l'idée qui a fait et peut faire encore leur vitalité dans l'histoire. Une telle étude, outre qu'elle est nécessaire pour faire comprendre le développement de notre philosophie du droit, n'est pas sans résultats pratiques. Que doit être en effet la législation d'un peuple, que doit être sa constitution politique pour avoir chance de vie, sinon l'exacte expression du génie national ?

Rappelons d'abord en quelques mots les causes bien connues qui ont contribué à former notre caractère : le climat, le tempérament, surtout la race et la tradition historique. La situation géographique de la France, moyenne entre le nord et le midi, entre tous les types de climat et de végétation, dont elle réunit les productions principales depuis le sapin jusqu'à l'oranger, paraît propre au développement d'un esprit moins étroitement national, moins exclusif, accessible à des influences plus variées et plus générales. Ajoutez-y un genre de tempérament également intermédiaire entre les extrêmes, plutôt nerveux et sanguin que lymphatique et bilieux, où le sérieux du nord est compensé par la vivacité et la passion des pays aimés du soleil, où l'équilibre humain mieux réalisé montre plus d'harmonie-, tempérament équitable, pourrait-on dire, qui tend à maintenir l'égalité entre les différentes facultés humaines et à faire à chacune sa part selon une sorte de justice naturelle ; caractère à la fois ardent et mesuré qui permet difficilement à la passion, au caprice et à l'excentricité individuels de choquer la raison générale, qui voudrait imposer à toutes choses la règle, la convenance, l'élégance, et qui, quoique avide de nouveauté, s'efforce cependant de rester fidèle au « bon sens » et au « bon goût. » Un esprit plus large et en quelque sorte plus humain, voilà donc ce que ces deux premières influences tendaient à développer dans notre pays ; mais, si nous voulons mieux nous rendre compte de notre physionomie nationale, il faut se rappeler les facultés natives de la race, tant de fois remarquées par les historiens. Quand nos voisins d'outre-Rhin remontent volontiers jusqu'à l'Inde et plus haut encore pour cher-

Alfred Fouillée

cher les origines de leur « mission germanique, » il est permis de remonter jusqu'aux Gaulois pour signaler chez eux un instinct de justice, une sorte d'esprit juridique dont fut frappée l'antiquité même. Qui ne connaît le portrait fait par Strabon de la race gauloise, où il est déjà dit que nos ancêtres prenaient volontiers en main la cause de ceux qui subissent une injustice, (grec) ? Selon César, les Gaulois se gardaient de confondre le droit et les lois, *jus et leges* : selon Strabon, les druides accordaient déjà une grande place dans leurs enseignements au droit et aux lois, « instruisant d'abord leurs élèves sur le droit naturel, puis sur les constitutions et les lois particulières des états [2]. »

Il suffit de se rappeler notre véritable tradition historique pour reconnaître que la Gaule devenue France demeura fidèle, par ses qualités comme par ses défauts, au génie héréditaire de sa race. L'histoire est une sorte de biographie des nations qui ne fait que développer à travers le temps leur type psychologique, comme la biographie individuelle montre en action le caractère d'un individu. De très bonne heure la Gaule embrassa le christianisme, doctrine de justice et de fraternité. Plus tard, si la chevalerie se développa surtout en France et y jeta tout son éclat, c'est que les chevaliers, se devant tout entiers à ceux qui ne pouvaient eux-mêmes défendre leur droit, aux misérables, aux orphelins, aux femmes, personnifiaient avec le courage une tradition de générosité et de dévouement à la justice. Si les souverains de France, plus que tous les autres au milieu du despotisme universel, se prétendaient le « recours des opprimés » et « les justiciers suprêmes [3] » c'est sans doute qu'aux yeux du peuple français le plus noble usage de la puissance fut toujours la protection du droit des faibles. Si c'est de France que partit pour entraîner l'Europe à sa suite la généreuse folie des croisades, prêchée d'abord au peuple par un homme du peuple, puis gagnant les seigneurs et les rois, c'est qu'il s'agissait là encore de porter aide à des frères lésés dans leur croyance, dans leur liberté, dans leur droit. Si la France menacée elle-même par les Anglais trouva en son sein pour se défendre non-seulement des héros, comme tous les autres peuples, mais des héroïnes dont la figure à la fois douce et forte est sans analogue dans l'histoire des autres nations, c'est que sur la terre de Jeanne d'Arc, comme dans la Gaule antique, l'honneur traditionnel de se dévouer pour la justice n'était pas plus refusé à la femme qu'à l'homme, et que nul n'était exclu de cette jouissance suprême : l'héroïsme se sacrifiant au droit. Dans notre siècle enfin l'histoire nous montre, par des faits plus rapprochés, une nation qui a toujours ressenti les injustices souffertes par les autres nations autant et plus que celles dont elle souffrait elle-même, un pays où la foule se passionnait moins pour ses propres affaires que pour les droits de la Pologne, de la Grèce, de l'Irlande, de la Vénétie opprimées : les autres peuples le savent bien, et, quand ils ont eu besoin de sympathie vraie ou de secours désintéressés, ce n'est pas vers l'Angleterre ni vers l'Allemagne qu'ils se sont tournés de préférence ; c'est vers le pays qui le premier proclama non-seulement les droits de l'homme, mais les droits des nations. La vraie tradition de la France est dans cette préoccupation de la justice pour tous, souvent poussée jusqu'à l'oubli de soi-même et de ses intérêts légitimes ; le caractère, original de son histoire, intermédiaire entre le monde gréco-romain et le monde anglo-germanique, la seule mêlée à l'histoire de toutes les grandes nations, la seule qui forme ainsi un ensemble complet et un, consiste dans cette part prépondérante prise au développement de l'humanité moderne, dans cette initiation progressive des autres peuples à l'idée d'un droit nouveau. Passons maintenant des causes qui ont influé sur la formation de notre caractère national à l'analyse psychologique de ce caractère lui-même ; nous verrons que nos facultés maîtresses peuvent se déduire l'une de l'autre et forment un système analogue à un organisme.

II

Chez les peuples comme chez les individus, ce qui fait surtout le caractère, c'est cette faculté dominatrice de la conduite, la volonté. Pour apprécier à sa juste valeur la volonté d'un peuple, il faut examiner successivement trois choses : son degré de force, son objet habituel, ses moyens d'action. Or, à considérer d'abord la force vive de la volonté indépendamment de son objet, le peuple anglais offre au psychologue plus de ténacité et de patience, l'Allemand une énergie plus âpre, le Français plus de spontanéité et plus d'élan. Tous les observateurs ont placé parmi les traits caractéristiques des Français l'enthousiasme, et l'enthousiasme n'est que l'élan spontané de la volonté vers un idéal qui la passionne. En France, c'est surtout l'idéal social et politique qui nous a passionnés. « La France est la terre de l'enthousiasme, » disait Kant dans ses pages sur les caractères des divers peuples ; Mme de Staël finissait son livre *de l'Allemagne* par l'apostrophe bien connue : « O France, si jamais l'enthousiasme s'éteignait sur votre sol,... » apostrophe que la censure impériale se hâta de retrancher, comme si le despotisme sentait qu'au fond l'enthousiasme du mieux est pour l'âme d'un peuple la liberté première et le germe fécond de toutes les autres libertés. Stuart Mill, dans ses *Mémoires*, note aussi l'enthousiasme au nombre de ces qualités par lesquelles l'élévation du génie français contraste avec le terre-à-terre parfois servile du positivisme anglais [4]. L'enthousiasme manifeste chez une nation l'affranchissement des préoccupations inférieures et des soucis matériels, par conséquent la liberté de l'esprit. Il ne faut pas le confondre avec cette simple ardeur de passion, avec cette chaleur de sang que certains peuples méridionaux montrent à la poursuite de ce qu'ils convoitent, aussi bien de choses inférieures et brutales que d'objets supérieurs et nobles. La France a eu, elle aussi, ses heures de passion aveugle, mais tout autre est l'enthousiasme proprement dit, dont elle a plus d'une fois donné l'exemple, et auquel elle a dû tantôt de si justes réformes, tantôt de si fâcheuses déceptions. On y trouve sans doute un mouvement du cœur en même temps qu'un élan de la volonté ; mais c'est la pensée qui transporte la, volonté et émeut le cœur, c'est dans la raison concevant le beau oui le juste que l'enthousiasme vrai a son origine ; flamme intellectuelle, lumineuse pour elle-même et pour les autres, parce qu'elle est idée en même temps qu'amour.

Aussi, pour estimer à son prix la volonté d'un peuple, il ne faut pas la considérer seulement en elle-même, dans son énergie propre ; il faut envisager surtout l'objet qu'habituellement elle se propose. A ce second point de vue, la nation française nous offre un caractère vraiment distinctif : chez elle, aux beaux jours de son histoire, l'objet de la volonté se confond avec l'objet de la raison même, car c'est pour les idées générales et universelles qu'elle se passionne. Dans notre pays, on ne veut pas seulement la liberté et les droits des Français, mais « les droits de l'homme ; » notre raison tend toujours à généraliser l'objet de notre volonté. Le trait caractéristique de notre physionomie nationale est donc l'union de ces deux choses à première vue si opposées : l'esprit enthousiaste et l'esprit rationaliste. Que de fois ne nous a-t-on pas reproché, avec les Anglais et aussi avec M. Taine, l'amour et la manie de généraliser ! L'idée de l'utile et celle de la puissance, dont s'éprend plus volontiers l'empirisme des autres peuples, n'ont point ce caractère universel ; mais le génie français, à tort ou à raison, se représente toujours la justice sous l'idée d'infinité. Quels que soient les excès de cette tendance, il faut du moins reconnaître qu'une volonté générale est par cela même généreuse. C'est ce qui explique chez le peuple français, par une conséquence nécessaire, cette faculté de désintéressement qui a frappé tous les historiens, tous les psychologues. Stuart Mill y voit la principale noblesse de notre caractère ; M. Spencer, plus fidèle que Stuart Mill à Bentham, nous en fait un sujet de reproche ; Fichte, sur ce point, nous avait donné jadis comme exemple à ses compatriotes ; les écrivains plus récents qui ont traité de la « psychologie des peuples, » Geist, Lazarus, constatent chez nous le même penchant à se détacher de soi au profit d'une conception universelle, parfois d'un *être de raison*. Une telle tendance n'a pas peu contribué, dans les derniers siècles, au développement de cet « esprit classique » pour lequel M. Taine s'est montré si sévère, et où il trouve une des explications principales de la révolution française. Il faudrait se garder de pousser à l'excès la pensée de M. Taine et de ne voir dans l'élan révolutionnaire qu'un amour classique de la généralité, de l'abstraction, de la symétrie rationnelle : pour rendre compte d'un tel bouleversement social, les habitudes classiques seraient une raison trop extérieure et trop superficielle. Au reste, l'amour de ce qui est général et applicable à l'humanité entière nous paraît avoir eu lui-même pour principe au XVIIIe siècle une vive intuition et un amour bien entendu de la liberté. Il est déraisonnable en effet d'aimer la liberté pour soi seul, parce qu'on ne peut, dans une société où tous sont solidaires, avoir une liberté vraie, complète, absolue, si les autres ne l'ont pas, s'ils ne sont pas sous ce rapport nos égaux. Supposez par exemple qu'une seule nation du globe adopte et pratique toutes les règles qui assurent la liberté du travail, de l'échange, de l'association ; si ces règles n'existent pas pour les autres peuples, ne se produira-t-il pas à la fin des combinaisons économiques capables d'empêcher le résultat voulu et de se retourner contre la liberté même ? Les rapports des citoyens entre eux dans chaque nation impliquent une semblable solidarité : la liberté du capital, par exemple, ne va pas sans celle du travail, et réciproquement. En un mot, dans notre siècle, l'indépendance, des uns est liée à celle des autres. On ne le croyait pas autrefois, on le démontre aujourd'hui. Comment donc reprocher à la France d'avoir eu, comme de prime-saut, une idée plus juste que les autres nations de cette universalité qui doit appartenir à la liberté ? Gomment reprocher à la France d'avoir compris que les droits de l'homme *français* ne peuvent exister sans les droits de l'homme *en général* ? La liberté doit s'aimer pour les autres comme pour elle-même : c'est ainsi qu'elle acquiert une portée universelle comme la raison ; c'est ainsi qu'elle devient *égalité*.

Le désintéressement de la volonté, l'absence de vues personnelles et exclusives fut le caractère le plus original de cette révolution française où se fit jour le génie de la France. De là cette libérale nuit du 4 août, où tous les corps de la nation, tiers-état, clergé, noblesse, se dépouillèrent eux-mêmes au nom du droit de leurs privilèges, sous l'influence d'un enthousiasme de liberté assez puissant pour que l'égoïsme de tel ou tel membre de l'assemblée se perdît dans le désintéressement général. M. de Sybel lui-même, l'injuste historien de la révolution française, a dû rendre hommage à cet acte d'abnégation d'une assemblée où soufflait véritablement l'esprit de la nation entière : « C'est pour toujours, dit-il, que l'assemblée française a conquis dans la nuit du 4 août la liberté du travail et l'égalité des droits [5]. » M. Renan, qui n'est pas d'ailleurs sans quelque faible pour l'esprit germanique, dit en comparant l'Allemagne et la France : « L'Allemagne ne fait pas de choses désintéressées pour le reste du monde ;… les droits de l'homme sont bien aussi quelque chose ; or c'est notre XVIIIe siècle et notre révolution qui les ont fondés [6]. » — « Les révolutions protestantes, remarque aussi avec raison M. Janet dans sa *Philosophie de la révolution française*, étaient plutôt des révolutions locales ; celle d'Amérique seule a déjà un caractère plus général et plus abstrait ; cela tient aux mêmes causes que pour la révolution française : elle a, aussi bien que celle-là, reçu l'empreinte de l'esprit du XVIIIe siècle, et il ne faut pas d'ailleurs séparer l'une de l'autre, la France étant pour moitié dans le succès de la révolution américaine. » Malgré ces ressemblances mêmes, nous croyons qu'il y a entre l'esprit américain et l'esprit français des différences encore plus profondes qui se sont manifestées dans les deux révolutions. On sait le rôle qu'ont joué les affaires d'impôt, la question du thé, dans l'insurrection des États-Unis. Et quel contraste dans la manière de procéder chez les deux peuples, quand il s'agit d'inscrire les droits des citoyens en tête des constitutions ! La méthode américaine va chercher d'état en état les principes que chacun reconnaissait antérieurement pour son compte, on les résume, on les généralise comme on peut, on en construit enfin *a posteriori* la formule totale qu'acceptera la fédération, et où l'égalité, simple conséquence, se trouve assez maladroitement placée avant la liberté. Est-ce là la meilleure méthode ? Ce n'est pas encore le moment de le juger ; ce qui est certain, c'est que les Américains étaient et sont encore tout pénétrés de l'esprit purement empirique des Anglais, qui songe beaucoup plus à lui-même qu'à l'humanité. Les Anglais ne font pas des déclarations de droit, mais ce qu'ils appellent des *pétitions* [7]. Les ouvriers mêmes, en Angleterre, quand ils demandent des réformes, s'en tiennent à eux, à leurs camarades, à leur atelier, à leur cité, et ne songent presque jamais à généraliser, à demander des réformes de principe : les questions demeurent donc pour eux locales au lieu de devenir, comme pour l'ouvrier français, non-seulement des questions sociales, mais même, plus généralement encore, *la question sociale*. Quant aux Allemands, ils n'ont pas montré non plus dans leurs essais d'indépendance le désintéressement de volonté, l'enthousiasme de raison qui, en dépit de ses abus, a élevé si haut la France. « Au sein de cette Allemagne philosophique et poétique, dit Heine, le peuple demeura encroûté dans la pensée la plus épaisse, et s'il se querellait quelquefois avec les autorités, il était toujours question de grossières réalités, de souffrances matérielles, d'impôts écrasants, de douanes, de dégâts de gibier, de péages, etc., etc. ; pendant que dans la France pratique le peuple, élevé et dirigé par les écrivains, combattit beaucoup plus pour des intérêts intellectuels, pour des pensées philosophiques. » Ces témoignages d'observateurs si divers aboutissant à une même conclusion nous semblent justifier les paroles que, dans un mouvement de noble fierté Michelet adressait aux détracteurs de notre patrie et qu'on pourrait de nouveau leur adresser aujourd'hui : « Si l'on voulait entasser ce que chaque nation a dépensé de sang et d'or et d'efforts de toute sorte pour les choses désintéressées qui ne devaient profiter qu'au monde, la pyramide de la France irait montant jusqu'au ciel, et la vôtre, ô nations, toutes tant que vous êtes, l'entassement de vos sacrifices irait au genou d'un enfant [8]. »

La guerre même, la guerre ou se plaisaient nos ancêtres de Gaule, n'est vraiment populaire en France que si elle s'ennoblit de quelque idée désintéressée à soutenir, de quelque grande cause à défendre, honneur, liberté, droit. C'est un despote habile qui a dit avec profondeur : « La France est le seul pays qui fasse la guerre pour une idée, » et nos gouvernants le sentirent si bien qu'ils cachèrent toujours l'ambition de leur politique militaire sous quelque idée de dévouement à la liberté commune, d'émancipation pour les peuples, de secours aux nations opprimées. Ils savaient que « l'âme du peuple » ne les suivrait pas s'ils ne l'entraînaient au nom de l'idée du droit.

C'est ce désintéressement de la volonté, produit lui-même par la généralité de son objet, qui explique à son tour aux yeux du psychologue le caractère en quelque sorte contagieux de notre esprit national, sa force communicative propre à se répandre rapidement dépeuple à peuple. On vient de le voir, par cela même que nous voulons *universellement*, nous ne nous contentons pas de vouloir pour nous-mêmes, nous voulons aussi pour tous les autres, nous voulons une juste égalité ; il nous reste d'ailleurs un peu du génie romain et stoïcien qui se traduisait toujours en lois. Nous nous faisons donc tous législateurs, et pour le genre humain, comme si nous étions déjà membres de la « république universelle, » comme si la formule célèbre de Kant sur le devoir et le droit, inspirée par Rousseau, était la traduction abstraite du procédé le plus familier aux Français : — Agis selon une règle qui puisse être érigée en loi pour tout être raisonnable et libre, de même que si tu étais à la fois citoyen et législateur dans la société du genre humain. — Or la volonté a naturellement une puissance expansive et sympathique qui entraîne les autres volontés. La conséquence nécessaire de cette loi psychologique, c'est qu'en voulant pour les autres nous amenons les autres à vouloir comme nous-mêmes. Les peuples étrangers, reconnaissant chez nous des vues impersonnelles et valables pour eux comme pour nous, sentent que dans les questions politiques et sociales les affaires de la France sont les affaires du monde entier. De là, le développement, de là aussi les succès et les excès de notre prosélytisme à la fois enthousiaste et raisonneur, qui ne peut se résoudre à limiter ni la portée ni l'application des vérités, qui veut en tout l'accord des conséquences avec les principes et l'extension de ces conséquences à toute la terre, qui enfin ne trouve sa satisfaction, son repos, la fin de son vouloir, que dans l'accord de chaque esprit avec tous les autres esprits, de chaque peuple avec tous les autres peuples, en un mot dans la fraternité universelle.

Cette influence, essentiellement démocratique et d'autant plus envahissante qu'elle est librement subie par tes autres, faisait le désespoir de Joseph de Maistre, fougueux partisan de l'ancien régime : « Deux caractères particuliers vous distinguent de tous les peuples du monde, disait-il aux Français, l'esprit d'association et celui de prosélytisme. » il nous appliquait le mot du prophète : « Chaque parole de ce peuple est une conjuration. » C'est que les Français, dit-il encore, ne peuvent vivre *isolés*. « Au moins, si vous n'agissiez que sur vous-mêmes, on vous laisserait faire ; mais le penchant, le besoin, la fureur d'agir sur les autres est le trait le plus saillant de votre caractère. On pourrait dire que ce trait est vous-mêmes. Chaque peuple a sa mission, telle est la vôtre. La moindre opinion que vous lancez sur le monde est un bélier poussé par trente millions d'hommes... Force mystérieuse, mal expliquée jusqu'ici et non moins puissante pour le bien que pour le mal. » Si Joseph de Maistre ne s'expliquait pas cette force, c'est qu'il y voyait surtout une énergie de passion au lieu d'une expansion de la liberté et de la raison tout ensemble, — deux facultés qui sont les plus sociables parce qu'elles sont les plus humaines. Aussi n'a-t-il pas mis en lumière le trait nouveau et caractéristique du prosélytisme français, qui se déduit naturellement des facultés maîtresses de la nation : tandis qu'auparavant les religions seules avaient inspiré l'esprit de propagande à travers le monde, en France c'est l'idée du droit qui seule a le pouvoir de l'éveiller ; il s'agit de répandre partout non plus des croyances au-dessus de la raison, mais des vérités de raison. A l'apostolat religieux, la France a substitué le prosélytisme social, ou, pour parler avec plus de précision encore, le prosélytisme républicain, Ce qui augmente encore l'action du peuple français sur les autres peuples, c'est sa facilité à secouer les haines internationales, à se désintéresser des griefs traditionnels, à oublier le passé, à excepter les fils de la colère inspirée par les pères.

Alfred Fouillée

Il est hostile par tempérament et par raison à l'idée de réversibilité, de solidarité entre les générations les plus lointaines ; il repousse cette idée au nom de l'humanité comme au nom du droit ; il admet difficilement le péché originel et les malédictions ou les rancunes nationales qui s'étendent jusqu'à la vingtième génération. Voyez les Allemands : ils nous reprochent encore ce qu'ils ont pu subir de notre part au temps de Louis XIV ou même au moyen âge, ils étendent l'anathème à la race entière, ils personnifient la race pour pouvoir la maudire, la haïr, l'exterminer. Henri Heine nous l'avait prédit : « Un jour viendra où on vous reprochera Conrad tué par le duc d'Anjou et où on vengera sa mort. » Le Français ne connaît point ces querelles érudites : préoccupé surtout des individus, il ne fait point volontiers retomber leurs fautes sur les nations et les races, il est prêt à sympathiser avec les fils de ses ennemis d'autrefois, pour peu qu'ils veuillent eux-mêmes se dégager des haines séculaires. Il a peine à comprendre que, sous prétexte de science et d'histoire, on veuille substituer une tradition de peuple, une rivalité de race an droit humain ; il tient pour la responsabilité individuelle, conséquence de la liberté. La revanche qui après tout lui plaît le mieux, c'est d'amener les autres à vouloir ce qu'il veut lui-même.

Sans doute il ne suffit ni d'avoir une volonté ardente, ni de vouloir un objet élevé et universel, il faut encore pouvoir ; c'est là un troisième point de vue où nous devons nous placer pour apprécier les caractères nationaux : nous devons les examiner à l'œuvre dans l'invention des moyens et dans les applications pratiques. Ceux qui ont la volonté la meilleure et la plus vive ne sont pas toujours ceux qui savent le mieux réussir ; nous en avons été trop de fois tin exemple. Cependant, sur ce terrain même des applications et des faits, malgré tant d'erreurs et de fautes, peut-on nier que l'esprit français n'ait souvent donné des preuves d'une volonté aussi efficace dans ses actes qu'enthousiaste dans ses inspirations ? Après tout, nos idées du droit sont réellement passées dans nos codes et de là dans tes codes des nations modernes ; les Anglais mêmes ont donné à l'île de Ceylan notre code civil ; les Italiens nous l'ont pris en entier. Il faut donc croire que le peuple français n'a pas été seulement un théoricien généreux, niais qu'il a eu aussi à sa manière un véritable génie pratique. Au reste il procède, dans l'application, autrement que ses voisins, et montre là trop souvent les défauts de ses qualités. L'Anglais et l'Allemand, au lieu de demander toutes les libertés à la fois, en demandent une première, qui servira de moyen pour en obtenir une seconde ; ils tiennent à posséder avant tout une série de moyens, une combinaison de forces ou d'intérêts, et c'est aux anneaux successifs de cette chaîne que semble s'appliquer surtout leur volonté, tirant ainsi chaque anneau patiemment l'un après l'autre. Aux yeux du peuple français, la liberté n'existe pas par morceaux, il la réclame tout entière. Moins attentif aux moyens qu'au but, à l'idée qu'il veut soutenir, il s'élance avec impétuosité vers ce but et néglige par cela même un grand nombre d'intermédiaires : il voudrait saisir du premier coup le bout de la chaîne, sans se demander s'il ne la verra point ensuite, enlevée par ceux qui ont mis la main sur les anneaux intermédiaires, lui échapper brusquement. Tandis que l'Anglais et l'Allemand tiennent surtout à bien réussir, le Français tient surtout à bien vouloir. Il se persuade d'ailleurs trop aisément que vouloir c'est pouvoir, « qu'impossible n'est point français, » et qu'il suffit de chercher pour trouver : il ne peut admettre qu'on impose des bornes à la liberté et à l'intelligence de l'homme.

De là se déduit l'attitude que sa volonté prend en face des choses et où se montre encore son originalité : elle ne voit pas les obstacles que les choses dressent devant elle ou, si elle les voit, elle les dédaigne et passe outre ; bien plus l'obstacle même l'attire, comme une occasion pour la liberté de se manifester en triomphant. Elle ne recule même pas devant l'obstacle suprême, la mort, comme si elle croyait sentir en soi, malgré les apparences, la force invincible et immortelle. Peu de peuples font à la mort un plus souriant visage et avec moins de regret prodiguent leur vie.

Pour peu que la victoire soit possible et exige seulement un courageux effort, qui est plus sûr de vaincre que celui qui ne craint pas le danger ? Ainsi s'expliquent ces succès d'inspiration où tout un peuple, d'un seul élan, atteint le but. De là aussi ces insuccès dus au manque d'expérience et à l'insuffisance des calculs ; de là ces grands découragements qui succèdent chez nous à de grands courages, mais qui ne durent jamais. On dirait un voyageur qui, escaladant la montagne par le sentier le plus périlleux, l'œil fixé sur le sommet, ne regarde même pas derrière lui ; tout d'un coup un obstacle se dresse infranchissable : il s'arrête, retourne la tête et se sent pris de vertige. Il se laisse alors ramener jusqu'au bas ; mais il se console en pensant qu'un autre jour, par une autre voie, il atteindra le but. Le Français finit même par faire trop bon marché du succès immédiat et de l'utilité présente : sa raison renonce provisoirement à la réalisation matérielle des conséquences, pourvu qu'on lui accorde la vérité des principes. C'est pourquoi le peuple français veut, en tête de chaque constitution politique, une déclaration de droits qui semble satisfaire avant tout sa raison, ou, comme il dit, « la raison humaine. » Si de rusés politiques trouvent ensuite le moyen de corrompre les applications et de les retourner contre les principes, si, après avoir proclamé la liberté, ils la confisquent, nous aimons mieux néanmoins en France voir l'idée du droit reconnue et notre propre droit méconnu : d'autres profiteront des vérités que nous aurons fait proclamer par ceux mêmes qui les violent. Ainsi nous raisonnons, toujours trop prêts à nous désintéresser de nos personnes. Le Français a l'esprit spéculatif, il aime mieux que chacun voie la lumière quand même lui, derrière un mur, serait tenu prisonnier dans l'ombre ; il se dit : « Le soleil montera, et la lumière finira par briller pour tous. » D'ailleurs, si le peuple français fait souvent trop bon marché de sa liberté dans la pratique, c'est au fond parce qu'il se croit toujours sûr de la ressaisir : s'il accepte parfois des chaînes, c'est qu'il n'aura un jour, pense-t-il, qu'à vouloir pour les briser ; s'il s'enthousiasme pour un homme et lui fait de sa liberté le sacrifice provisoire, c'est sous la promesse qu'on la lui rendra ou avec la périlleuse arrière-pensée que, pour se délivrer du despotisme, il suffira d'une révolution. On n'admet pas en France qu'un régime d'iniquité puisse se maintenir, et on répète sans cesse : « Cela ne peut pas durer. » C'est là une invincible confiance non-seulement dans le succès final de la justice, mais encore dans l'esprit général de la nation : chaque individu sent qu'isolément il ne peut rien, mais qu'il fait partie d'une société qui aura tôt ou tard le dernier mot. Cet instinct de sociabilité, ce sentiment d'une communion d'idées avec ses compatriotes, voilà ce qui nous donne au besoin une résignation momentanée en nous donnant une perpétuelle espérance.

Les autres nations, plus pratiques et plus prudentes, nous accusent de légèreté et d'étourderie, sans toujours comprendre quelle ténacité d'idées se cache sous notre apparente mobilité. La race celtique est obstinée : voyez nos Bretons. En fait d'idéal, Angleterre et Allemagne, chacune à sa manière, se contentent d'un à-compte ; quelque chose de borné et d'incomplet, mais de solide, leur suffit ; elles, renoncent au reste : elles veulent de bonnes garanties légales pour leurs intérêts présents, un bon système de défense ou d'attaque pour leur service personnel. Elles font peu de dons à autrui et ne prêtent même que sur hypothèque.

Si la grandeur et la noblesse du but font souvent oublier aux Français la difficulté des moyens, en revanche les autres peuples, à force de ne voir ainsi partout que des moyens plus ou moins bien calculés, finissent par renoncer à un but élevé et lointain. Bien plus, ils finissent par ne plus voir dans les hommes eux-mêmes que des moyens et des instruments, des éléments de calcul, des chiffres d'intérêt, des imités de force. De là à se servir des hommes au besoin comme on se servirait des choses, il n'y a pas loin. Rien au contraire n'est plus antipathique à l'esprit de la France ; nous opposons à la politique utilitaire des uns et au nouveau machiavélisme des autres l'idée de l'inviolabilité humaine et du « droit humain. » Sans doute les Français ne sont point étrangers à la violence, surtout en temps de révolution ; mais ils l'emploient alors dans un moment de surexcitation, ils ne savent pas s'en servir froidement, l'organiser selon les règles d'une science machiavélique, dans un dessein préconçu, comme firent les Romains, comme font les Germains. De plus, considérés comme peuple et dans leur manière générale de procéder, les Français connaissent peu la ruse. Droiture et droit s'appellent ; a-t-on jamais donné à la France, même par jalousie, le nom de « perfide France ? » On nous a accusés souvent et avec raison d'emportement, de folie, de coups de tête, rarement de déloyauté. Il faut à la mauvaise foi des combinaisons, des précautions, du secret et de la lenteur ; le peuple français n'y est pas propre : il n'a pas la vocation.

Notre langue même est sincère et droite comme notre esprit national, — car la langue d'un peuple est à son caractère ce que les traits du visage sont au caractère de l'individu, et la philologie est une physiognonomie. « Les autres langues, disait Rivarol, par leur obscurité, auraient été propres à rendre des oracles, la nôtre les eût décriés. » Au lieu d'oracles, ce sont des lois que notre langue se

Alfred Fouillée

prête le mieux à exprimer : lois de la science et lois des hommes ; notre langue est la plus scientifique et la plus juridique. Pour l'expression des idées les plus générales et des passions les plus généreuses, elle est incomparable.

La prééminence aux yeux des Français de l'idée universelle sur les faits particuliers, du but final à atteindre sur les moyens immédiats, rend compte de leurs tendances idéalistes, visibles dans notre législation et nos constitutions. Cet idéalisme contraste avec l'esprit plus naturaliste des autres peuples ; car l'enchaînement des faits saisis par l'expérience, c'est proprement la nature. En outre, comme cet enchaînement offre un caractère de nécessité, comme les effets et les causes, les moyens et les fins forment un mécanisme régi par des lois mathématiques, les peuples qui voient surtout ce mécanisme ont un génie fataliste. Au contraire le fatalisme semble très éloigné du caractère français : ni les dogmes de Luther et de Calvin, ni les philosophies étrangères qui prétendent absorber entièrement la volonté humaine dans le grand tout, n'ont réussi à s'acclimater dans la masse de la nation, qui croit plus à la liberté qu'au destin et au droit qu'à la grâce. L'effet du fatalisme sur la volonté d'un peuple, dans toutes les applications et réformes politiques ou sociales, est de modérer le désir et l'impatience du progrès, parfois même d'en détruire l'idée, comme il tend à le faire en Allemagne, où triomphe, depuis Schopenhauer et M. de Hartmann, un pessimisme découragé. Tout opposé est l'effet de la doctrine qui croit à une puissance quelconque de liberté chez l'homme ; car la liberté, selon nous, n'est au fond autre chose que la perfectibilité indéfinie. Il est remarquable que le pays où s'est développée la doctrine du progrès, avec Pascal, Turgot, Condorcet, Auguste Comte et leurs successeurs, est la France, et c'est cette doctrine qui a contribué au renouvellement du droit. Encore un trait original de notre nationalité pour le psychologue comme pour l'historien. Le génie français n'avait qu'à prendre conscience de lui-même pour concevoir la perfectibilité, qui est dans ses tendances les plus essentielles : esprit novateur, volonté toujours à la recherche du mieux et impatiente de l'atteindre ; il a les yeux sur l'avenir bien plus que sur le passé et le présent même. Aussi, dans sa législation et sa politique, ne veut-il se faire esclave ni de la tradition ni de l'histoire ; il n'arrive même pas à comprendre le sens de ces expressions si en faveur outre Rhin et outre-manche : « droit historique, droit traditionnel. » C'est que le propre de la liberté, — dans la mesure où elle existe, — est de s'affranchir du passé et de susciter un nouvel avenir : elle semble initiative et jusqu'à un certain point création, elle est progrès. Elle préfère donc l'utopie même, qui recherche l'idéal et le fait du moins pressentir, à la routine satisfaite de ce qui a été et de ce qui est. Aussi, avides du nouveau et du meilleur, entreprenants jusqu'à la témérité, nous faisons tous faire volontiers à notre pensée des expéditions aventureuses comme celles des Gaulois en Grèce et à Rome : chacun de nous. Français, même ceux qui se disent les plus positifs, n'a-t-il point en soi sa petite île d'Utopie, où il aime à se réfugier et à construire une société selon ses vœux, un gouvernement qui serait parfait pour toute la terre, un monde à son gré où régnerait la raison ? Rénovation sociale et perfectibilité sociale, dont le socialisme fît son objet même, voilà nos tentations perpétuelles en France, et nous sommes tous quelque peu socialistes.

A coup sûr cette disposition d'esprit peut engendrer, dans le droit écrit et dans la politique appliquée, des essais hasardés et des expériences malheureuses où éclate l'inhabilité à discerner le possible de l'impossible ; mais, — aimons-nous à dire en France, — ce n'est qu'en cherchant qu'on trouve : si personne n'était jamais tombé, personne n'aurait appris à marcher. Quand nous tombons, d'ailleurs, nous nous relevons vite, et c'est là encore une forme de la perfectibilité française. Dans notre race, le cerveau semble prompt à s'adapter aux circonstances, aux idées nouvelles, et à en tirer profit. Cette aptitude est surtout frappante chez le peuple en France. Il saisit vite les pensées neuves et les sentiments nouveaux, pourvu qu'ils soient élevés ; il se met vite à la hauteur de ses écrivains, de ses penseurs, de ses philosophes, surtout quand il s'agit des questions sociales et politiques ; il sait les suivre et parfois les devancer. Dans les autres pays, le peuple est une masse plus lourde à soulever et à relever : sa constitution a sans doute moins de spontanéité, de ressort, d'élasticité ; il est tellement renfermé dans ses idées locales que les pensées universelles, les grandes conceptions juridiques ou politiques trouvent chez lui peu d'écho ; il n'éprouve même pas le vif besoin du changement et du progrès, si quelque exemple venu du dehors ne le réveille de son inertie. Or l'esprit de perfectibilité, la faculté d'adaptation rapide au milieu nouveau n'est pas moins

Alfred Fouillée

précieuse pour une nation qu'elle ne l'a été pour certaines espèces d'animaux, qui ont survécu par elle dans la lutte pour la vie. Que de fois on s'est demandé avec Henri Heine si la France, « qui a commencé la grande révolution de l'Europe, n'est pas en train de périr, tandis que les nations qui la suivront récolteront les fruits de son martyre héroïque ! » Heine répond en plaisantant, mais avec justesse : « Non, le peuple français ne se casse jamais le cou, de quelque hauteur qu'il puisse tomber, et se retrouve toujours debout. » Il n'y a pas là seulement adresse : la raison de cette indomptable vitalité du peuple français est un instinct d'indépendance et de progrès dont l'échec même provoque l'élan, et qui engendre une confiance invincible dans la victoire finale de la justice.

Le culte de la liberté et de la justice, avec la foi dans leur triomphe à venir, s'est tellement développé en France qu'il tend à y effacer presque tout autre culte : la seule religion vivace et profonde dans la France moderne est la religion du droit. M. Renan parle avec quelque ironie de ce qu'il appelle la « religion démocratique ; » il est certain qu'elle eut à son début, comme toutes les autres, son mysticisme et son fanatisme. Toutefois elle offre ce caractère original de n'impliquer rien de surnaturel ; l'idée du surnaturel est plus affaiblie en France que partout ailleurs, car elle n'est plus chez ceux qui la conservent encore qu'une superstition, et aux yeux des autres qu'une erreur. Le peuple français est trop rationaliste pour s'arrêter à moitié chemin dans des compromis, dans des demi-mesures, dans une demi-foi qui est une demi-incrédulité, en un mot dans des hypocrisies plus ou moins conscientes d'elles-mêmes. Sa foi n'offre à l'analyse psychologique rien de compliqué ni de difficile : en fait de religion positive, il croit tout ou rien. Il n'abjurera donc pas le catholicisme pour se faire protestant, comme quelques philosophes l'y invitent de nos jours [9] : il ne rejettera pas l'eucharistie pour admettre encore la divinité de Jésus ; il ne prétendra pas non plus qu'il est chrétien quand il est philosophe. Si un Voltaire s'efforce de renverser l'autel, il n'essaiera point de faire croire, comme les exégètes allemands, qu'il veut le relever. Au-delà du Rhin, ce sont les professeurs de théologie qui sapent la théologie, en continuant de l'enseigner pieusement dans leurs chaires officielles. M. Cousin possédait une curieuse médaille frappée à Berlin en l'honneur de Hegel, et que ce dernier lui avait donnée avec orgueil :

sur le revers, Hegel est représenté en philosophe antique, écrivant sous la dictée d'un ange, qui lui-même s'appuie sur la religion tenant entre ses bras la croix de Jésus-Christ. Au fait, tous les grands philosophes allemands furent grands théologiens. De ce côté-ci du Rhin, au contraire, nous sommes faibles, très faibles même en théologie, étrangers aux doctes et subtils arcanes de la dogmatique, de la canonique, de l'exégétique. Les méchantes langues prétendent qu'un simple *privat-docent* d'Allemagne ou le moindre professeur d'Angleterre en sait plus sur ce point que toutes nos facultés de théologie ; et cette critique qu'on nous fait, la plupart des Français l'accepteront comme un compliment. C'est que chez nous l'incrédulité théologique n'est point, comme les systèmes allemands, à double et à triple fond. On est franc avec soi-même et avec les autres ; Voltaire, comme Boileau et Molière, appelle un chat un chat et un hypocrite un hypocrite, sans détour, sans paraboles, sans hyperboles et sans symboles. C'est là une marque de liberté et de logique tout à la fois : celui qui cherche des faux-fuyants et s'enveloppe de voiles n'est pas absolument indépendant, même quand il prétend faire acte d'indépendance ; il n'est pas non plus logique, car il admet un principe en prétendant repousser la conséquence nécessaire. Aussi la France est-elle la vraie patrie des « libres penseurs ; » ce mot, qui exprime si bien l'indépendance de la pensée, est français, la chose l'est aussi. Et il ne s'agit pas seulement des penseurs de profession, des philosophes et savants, ou des gens de haute culture intellectuelle ; il s'agit de la foule, du peuple proprement dit, des ouvriers et même des paysans. En Allemagne, surtout dans cette Prusse « soldatesque et bigote, » en Angleterre, aux États-Unis, le peuple n'éprouve aucun besoin de changer de religion ou de rejeter toute religion ; il continue de lire sa Bible, d'observer le dimanche, de chanter des cantiques, sans jamais poser à sa conscience cette question, franche et directe comme un problème de droit : « Suis-je chrétien, oui ou non ? ai-je le droit, oui ou non, d'aller au temple comme un croyant ? » En France, on a l'exemple presque unique d'un peuple qui en somme et en masse est libre penseur. Unique aussi dans l'histoire est ce grand mouvement politique et social accompli par le gros d'un peuple, dans la révolution française, sous l'influence d'une idée purement morale et juridique, sans mélange d'idées religieuses et même contre

Alfred Fouillée

toute idée religieuse. Depuis ce temps, la morale est restée chez nous indépendante en fait, le droit indépendant, la politique indépendante. C'est pourquoi la part des traditions religieuses dans la législation n'est en aucun pays plus restreinte ; notre code, en sa généralité, n'est ni catholique ni protestant, le droit de l'homme y est posé comme purement humain, nullement divin et théocratique. — Cette absence de vraie foi religieuse, a-t-on dit, est une force de moins pour notre nation. — On oublie qu'elle est remplacée par une autre foi, la foi au droit et à la fraternité, la foi au progrès ; cette autre croyance, elle aussi, n'est-elle pas une force ? On serait donc mal fondé à refuser aux Français le ressort puissant d'une foi, seulement leur foi tend à se confondre avec la science, elle est toute rationnelle et sociale, conséquemment toute républicaine.

A tant de traits qui manifestent un caractère ennemi de tout obstacle et de toute borne, conséquemment de toute entrave et de toute servitude, la a psychologie des peuples » ne saurait manquer de reconnaître que notre premier et essentiel penchant, c'est l'amour de la liberté non-seulement pour nous-mêmes, mais pour tous les hommes et tous les peuples. Aussi est-ce sur la liberté humaine, conçue comme une prérogative supérieure à tout, respectable pour tous, égale chez tous, que la France devait finir par fonder l'idée du droit : point d'intérêt, point de force matérielle qui dût surpasser à ses yeux cette puissance morale. Il nous reste à suivre cette conception dans son développement et dans son histoire à travers les diverses écoles philosophiques de notre pays. Nous allons voir les philosophes du XVIIIe et du XIXe siècle formuler et ériger en théorie ce qui était déjà au fond de l'esprit national, si bien que les penseurs et le peuple se partagent l'honneur d'avoir fondé le droit nouveau.

III

La philosophie du droit dont la révolution française fut l'application subit trois influences diverses, celles du stoïcisme, du christianisme et du sensualisme anglais ; il est intéressant de voir si ces influences ont empêché son originalité.

L'influence stoïcienne et platonicienne est visible dans les pages dont Montesquieu a fait précéder son premier livre de l'*Esprit des lois*, sauf à ne plus en faire aucun usage dans les livres suivants. Rousseau a fort bien montré l'insuffisance de cette métaphysique : définir les lois les rapports nécessaires qui dérivent de la nature des choses, c'est ne définir encore que les lois naturelles et négliger les lois sociales, qui sont les rapports libres des volontés ; appeler droit « la raison gouvernant tous les peuples de la terre, » c'est s'en tenir à une formule abstraite qui ne peut fonder le droit réel, qui peut même devenir une justification du despotisme chez ceux qui ont la prétention de représenter la raison et la vérité. Aussi, tout en admettant ces définitions générales et ces sortes de lieux communs antiques, l'école française cherchera, dans sa philosophie du droit, à faire sortir la raison de la liberté même et la loi universelle d'une convention positive entre les volontés particulières. Si l'esprit stoïcien et romain subsiste dans l'esprit de la révolution, dont il altère même parfois la vraie nature, du moins y est-il dépassé et uni à de tout autres inspirations.

Autant on en peut dire du christianisme, auquel on a voulu ramener le plus pur de la révolution française. À coup sûr le christianisme, en élargissant l'idée de la fraternité universelle (déjà familière aux stoïciens) et en montrant mieux la grandeur morale de l'humanité, conférait par cela même à l'homme un prix inestimable. Pourtant cette valeur accordée à l'homme n'est après tout qu'une valeur empruntée qui lui vient d'en haut. Le même principe qui nous la concède nous la retire donc, car, si l'homme ne vaut que par Dieu, il ne vaut plus par lui seul, et le prix qu'il acquiert est déjà un don gratuit dont il n'a point l'honneur. La philosophie du XVIIIᵉ siècle rejette cette idée de valeur octroyée, cette origine surnaturelle des titres de l'homme, et veut que l'homme soit respecté pour son humanité, non pour la grâce divine dont il est l'objet : bien plus, elle tend à faire descendre le principe divin dans l'homme, à considérer l'homme comme divin en lui-même et par lui-même : c'est ce qu'on appellera plus tard « la divinité immanente à l'homme » se substituant au dogme de la divinité transcendante. — Dans le christianisme, la liberté humaine est limitée par la grâce, elle est elle-même au fond œuvre de la grâce ; de plus, cause de mal comme de bien, elle ne vaut que par ses actes et non par elle-même, elle est un moyen, non une fin : l'idée de l'éternel salut ou de l'éternelle damnation entraîne nécessairement la subordination de la liberté à l'intérêt éternel. — Quant à l'égalité, elle est purement religieuse ; encore ne peut-on pas dire que les hommes sont égaux même devant Dieu, car la grâce est inégalement répartie ; les ouvriers de la dernière heure sont traités mieux que ceux de la première ; l'égalité des œuvres, des mérites même, ne fonde donc pas une réelle égalité devant le souverain juge. A plus forte raison n'y a-t-il point égalité de droits à ses yeux : rien n'est dû à l'homme par Dieu, l'homme n'a pas de droits proprement dits devant lui. Relativement aux autres hommes, droit implique revendication, et le christianisme ici encore n'admet guère que des devoirs : il parle surtout de patience, de résignation, de martyre, il tend la joue aux oppresseurs. Ajoutons que l'idée même de la grâce entraîne celle de l'inégalité, parce qu'elle se confond pour nous avec l'arbitraire : égalité et faveur s'excluent ; si beaucoup sont appelés, peu sont élus ; élection dit don accordé aux uns et refusé aux autres. Comment cette inégalité qui était érigée en dogme n'aurait-elle pas subsisté dans l'ordre social où tout était hiérarchie ? Il y a des nobles et des vilains dans le royaume de la grâce, à plus forte raison devait-il y en avoir dans les royaumes de la terre. — La fraternité même, dont la notion semble prédominante dans le christianisme, s'y appuie sur deux principes étrangers à l'esprit moderne : en premier lieu un principe mystique et théologique, la paternité de Dieu ; en second lieu, un principe purement matériel et historique, la paternité d'Adam. Les théologiens n'insistent pas sur la raison vraiment naturelle et morale, tirée de ce qu'un être raisonnable et libre, quelle que soit son origine céleste ou terrestre, est par cela même frère de tous les êtres raisonnables et libres. Aussi la fraternité chrétienne ne s'étend à la fin qu'aux élus et se ferme, comme le ciel, aux réprouvés, renonçant à les guérir, renonçant à les aimer. Comme la fraternité, la justice, dans le christianisme, repose en partie sur un principe charnel et matériel : par le péché originel, la justice et l'injustice sont dans le sang, et la responsabilité individuelle s'absorbe dans une sorte de responsabilité collective, dans une sorte de consanguinités. — Enfin l'idée du progrès et de la perfectibilité n'existe pas encore dans le christianisme, pour qui la terre n'est qu'un séjour passager d'épreuve, un lieu d'exil. Le moyen âge, les yeux tournés vers la vie à venir, professant une sorte de dédain pour l'existence présente, s'efforce d'être indifférent au bonheur dont on y peut jouir et aux progrès qu'on y peut faire : en toute condition sociale, ne peut-on pas se sanctifier ? Cela suffit ; pour le reste attendons la mort. Les spéculations philosophiques elles-mêmes sont toutes dirigées vers cette patrie mystique qui est au-dessus et au-delà du monde ou de l'humanité. Pour toutes ces raisons, la valeur de l'individu reste plutôt religieuse que civile et politique. Quoique devenant un centre et un objet d'amour dans la cité spirituelle et céleste, l'individu demeure civilement absorbé dans l'état selon la conception antique ; il n'est en dehors de l'autorité civile que par sa conscience religieuse, qui est elle-même soumise à l'autorité religieuse.

On sait comment, au XVIe siècle, les abus de cette autorité amenèrent avec la Réforme une réaction en faveur de la conscience individuelle. Puis la philosophie, distinguant peu à peu le domaine de la science et de la foi, arriva à proclamer avec Descartes l'évidence de la raison individuelle comme seule règle des recherches philosophiques et scientifiques. C'était admettre (principe capital) que, dans l'ordre intellectuel, la liberté de l'être raisonnable porte en elle-même sa règle et sa loi, que l'union même et l'égalité des libertés peut produire une véritable autorité, en d'autres termes que l'indépendance de la spéculation, loin d'aboutir à l'anarchie des intelligences, doit engendrer l'ordre et l'union finale des esprits dans la république des savants. En même temps Descartes, à tort ou à raison, représentait l'affirmation intellectuelle comme un acte de volonté, ce qui supposerait que la volonté libre n'est pas de son essence indifférente et arbitraire, mais plutôt en harmonie naturelle avec le vrai, pourvu qu'elle s'exerce sans obstacles. Descartes subordonnait partout l'intelligence à la volonté, jusque dans la cause première du monde, parce que la volonté était à ses yeux l'essence de l'être, de la perfection, du bien.

La philosophie du XVIIIe siècle, fidèle à la véritable méthode de Descartes en même temps qu'elle s'inspirait de Locke, appliqua aux questions civiles et politiques le principe moderne qui cherche à fonder l'autorité sur la liberté même. On avait vu la science, soumise à une sorte de régime démocratique, s'organiser, s'ordonner, se régler d'autant mieux qu'elle était plus libre, et devenir d'autant plus universelle à la fin qu'elle avait été plus individuelle en son origine ; on se demanda si, dans l'ordre social comme dans l'ordre scientifique, la liberté ne pourrait pas produire elle-même l'auto-rité, se faire à elle-même une loi, enfin si la complète union entre tous ne pourrait pas sortir peu à peu de la complète liberté pour chacun. Rousseau formula le premier en termes admirables le pro-blème du droit civil et politique, qui est en même temps celui du droit naturel : « trouver une forme d'association qui défende et pro-tège de toute la force commune la personne et les biens de chaque associé, et par laquelle chacun, s'unissant à tous, n'obéisse pour-tant qu'à lui-même et reste aussi libre qu'auparavant. » La volonté humaine tend ainsi à devenir le principe premier de tout l'ordre social. Descartes avait dit qu'en Dieu l'ensemble des vérités néces-saires procède d'une volonté libre, que la nécessité en conséquence est une expression détournée de la liberté ; de même, dans l'ordre social, cette nécessité sacrée qu'on appelle la loi, au lieu d'avoir une origine mystique et métaphysique, ne serait-elle point simplement l'expression abstraite de la volonté générale ? ne serait-elle point seulement l'accord, la commune direction, la mutuelle garantie de toutes les volontés particulières ? Voilà la conception profonde par laquelle l'école de Rousseau ramène le droit à la volonté se respectant et s'affirmant elle-même. Un disciple de Jean-Jacques, Mirabeau, restera fidèle à son maître en définissant le droit « l'in-violabilité de la liberté » et en ajoutant que « le droit est le souverain du monde.. » Quant aux conséquences morales et métaphysiques de cette doctrine, Hegel les a résumées en disant : « Rousseau pro-clama la volonté l'essence de l'homme ; ce principe est la transition à la philosophie de Kant, dont il est le fondement. »

En faisant reposer désormais l'avenir du monde sur la liberté hu-maine, les philosophes français se trouvèrent logiquement amenés à considérer celle-ci comme un principe de perfectibilité sans li-mites. Ce caractère d'infinité que Descartes plaçait dans la volon-té de l'homme et qu'il se représentait surtout comme un attribut métaphysique, le XVIIIe siècle en fit pour ainsi dire un attribut historique en le concevant comme une infinité de développement et de progrès, comme une infinité répandue à travers l'espace et le temps. Le principe de là, « perfectibilité indéfinie, » déjà en germe dans Descartes et Pascal, nettement : formulé par Turgot et Condorcet, devait renouveler non pas. seulement la philosophie de l'histoire, mais encore celle du droit. Le règne de la liberté, de l'égalité et de la fraternité, renvoyé par le christianisme à un autre monde et attendu, de Dieu seul, le XVIIIe siècle l'espérait pour ce monde même et le. demandait à l'homme : le ciel descendait sur la terre comme un idéal qu'on ne peut sans doute atteindre, mais dont on peut et dont, on doit toujours se rapprocher.

Enfin la théorie du progrès moral et scientifique ne pouvait manquer d'entraîner à sa suites comme conséquence sociale, la conception du progrès économique et politique. Ramenez l'idée de liberté des hauteurs de la métaphysique abstraite sur le domaine de la réalité positive, elle y prendra une forme nouvelle et un nom nouveau : elle s'appellera la propriété. Toute question de droit pur finit par devenir une question de propriété. Or c'est encore en France que se développa l'économie politique : la meilleure répartition des droits entre tous appelait la meilleure répartition des richesses ; c'était le même problème traduit de l'ordre moral dans l'ordre matériel. Il importe ici de remarquer un fait, souvent oublié ou méconnu, c'est que l'idée de la propriété et celle du droit marchèrent toujours ensemble, aussi vagues l'une que l'autre dans le christianisme, toutes deux précises dans la philosophie du XVIIIe siècle, comme si elles étaient seulement deux aspects d'une même idée. Ce que nous appelons aujourd'hui le droit de propriété, droit naturel et indépendant de l'autorité civile ou religieuse, est une conception toute moderne opposée par les philosophes à la vieille tradition des jurisconsultes et des théologiens [10].

C'est Locke, et à sa suite Quesnay, Mercier de La Rivière, la plupart de nos économistes qui introduisirent, entre la liberté, cette propriété invisible, et la propriété, cette liberté faite visible, le moyen terme du travail. Là surtout se fit sentir sur la philosophie française l'influence de Locke, qui se combina avec l'influence du stoïcisme et du christianisme. La philosophie française n'en conserva pas moins un caractère propre et original. Locke, comme tous les Anglais, s'était préoccupé surtout de l'intérêt ; à ses yeux, la liberté était surtout un moyen, pour l'individu ou pour l'état, d'atteindre la plus grande somme possible d'utilité ; les Français, en s'emparant des idées anglaises, les généralisent, les étendent à l'humanité entière, et de plus substituent un sens moral au sens purement utilitaire ; ils demandent la liberté et l'égalité pour elles-mêmes et non pour quelque intérêt matériel qui leur serait supérieur. L'école

Alfred Fouillée

française révolutionnaire a d'ailleurs eu conscience, dès l'origine, de cette différence qui subsistait entre les prémisses malgré la ressemblance des conclusions. Condorcet, par exemple, reproche à la constitution américaine « d'avoir eu pour principe l'identité des intérêts plus encore que l'égalité des droits. » — « Les principes sur lesquels la constitution et les lois de la France ont été combinées, dit-il encore, sont plus purs, plus profonds, plus précis que ceux qui ont dirigé les Américains ; les Français ont échappé bien plus complètement à l'influence de toutes les espèces de préjugés ; l'égalité des droits n'y a nulle part été remplacée par cette identité d'intérêt qui n'en est que le faible et hypocrite supplément [11]. »

En définitive, dans les trois doctrines qui ont servi d'antécédent à notre philosophie du droit, doctrine stoïque, chrétienne et anglaise, la liberté humaine était toujours considérée comme un moyen plutôt que comme un but : les stoïciens finissaient par l'absorber dans la raison universelle, les chrétiens dans la grâce divine et le salut de l'autre vie, l'école anglaise dans l'intérêt particulier ou général. La tendance de la philosophie française, au contraire, depuis Descartes jusqu'à Turgot, Condorcet et Rousseau, c'est d'attribuer à la liberté humaine la valeur d'une fin suprême, qui doit être aimée pour sa beauté propre, pour sa fécondité sans bornes et en quelque sorte pour son infinité.

IV

Passons maintenant du XVIIIe siècle au XIXe, et suivons rapidement la doctrine française du droit dans ses dernières transformations à travers les écoles de philosophie contemporaines. Nous verrons les questions devenir de plus en plus précises et aussi de plus en plus difficiles, si bien qu'aujourd'hui elles réclament un nouvel examen et, s'il était possible, une nouvelle solution.

Les philosophes de notre siècle qui ont critiqué ou défendu l'idée du droit léguée par la révolution peuvent se diviser en deux groupes : ici les partisans du fatalisme moral et historique, là les partisans de la liberté dans la conscience et dans l'histoire. Les premiers ont joué le rôle de dissidents par rapport à l'école philosophique de Rousseau et de la révolution. Parmi eux se présente d'abord Saint-Simon, dont l'influence subsiste encore de nos jours un peu partout sans être avouée nulle part. A la notion de liberté individuelle, Saint-Simon opposa de nouveau l'antique notion de l'autorité sociale, et cette autorité il la plaça successivement dans la science (prétention d'où devait sortir le positivisme), puis dans l'industrie, enfin dans une religion nouvelle « capable de forcer chacun de ses membres à suivre le précepte de l'amour du prochain. » L'école saint-simonienne se rapprochait ainsi de l'école théocratique, non moins hostile aux idées de liberté et d'égalité.

Issu du saint-simonisme, le positivisme rejeta à son tour toute idée de liberté morale ; comme le devoir absolu, le droit proprement dit est aux yeux d'Auguste Comte et de ses successeurs une entité métaphysique, parce qu'il renferme encore une notion d'absolu, une notion de « cause » agissant par elle-même et respectable pour elle-même. Abandonnant donc la tradition française du XVIIIe siècle, Auguste Comte repousse toute considération des droits de l'homme. « Le positivisme ne reconnaît à personne d'autre droit que de faire toujours son devoir... La notion du droit doit disparaître du domaine politique, comme la notion de cause du domaine philosophique... Le positivisme n'admet jamais que des devoirs, chez tous, envers tous, car son point de vue toujours social ne peut comporter aucune notion de droit, constamment fondée sur l'individualité... Tout droit humain est absurde autant qu'immoral. Et puisqu'il n'existe point de droits divins, cette notion doit s'effacer complètement comme purement relative au régime préliminaire et directement incompatible avec l'état final (de l'humanité), qui n'admet que des devoirs d'après des fonctions [12]. » On le voit, c'est Auguste Comte, c'est le fondateur de la « sociologie » qui a su formuler avec la plus parfaite logique la négation du droit de l'individu au profit du pouvoir social, négation qui se dissimule sous un faux idéalisme dans la philosophie de l'Allemagne contemporaine, et que l'école anglaise a reproduite sans en déduire les conséquences autoritaires. Auguste Comte avait une sorte de flair infaillible à l'égard de toute idée métaphysique cachée sous le langage moral ou social comme sous un abri capable de la dérober ; il a montré une rare pénétration en reconnaissant dans l'idée du droit un déguisement de l'idée de cause et, qui plus est, de cause libre.

En face des écoles autoritaires de Saint-Simon et de Comte s'élevait, au sein même du socialisme, l'école plus libérale et plus individualiste de Fourier. Fourier fonde tout droit comme toute économie politique sur la libre association. Par-là, il se rapproche de Rousseau, car « l'attraction » des hommes entre eux qui les pousse à s'associer, et à s'associer suivant leurs goûts avec une liberté absolue, n'est pas sans analogie avec la volonté, qui, selon Rousseau, unit les individus par un contrat librement accepté. Mais la vraie association est-elle, comme le croit Fourier, celle des passions qui se rapprochent pour chercher en commun le bonheur, ou est-elle, comme l'avait dit Rousseau, celle des libertés qui s'unissent pour protéger leurs droits ? Si, contrairement à l'espérance de Fourier, les passions abandonnées à elles-mêmes ne manifestent point cette règle intérieure d'harmonie sur laquelle il comptait, ne faut-il pas revenir, pour fonder le droit, à quelque autre règle volontairement acceptée et mutuellement garantie ? — Aussi on vit en France les écoles fatalistes elles-mêmes passer peu à peu du culte de l'autorité à celui de la liberté, tout en conservant leurs doutes sur l'existence d'une liberté métaphysique et morale.

En face de ces écoles, d'autres s'élevèrent qui, plus ou moins fidèlement, développaient la pensée de la révolution française. Le principal continuateur de Rousseau fut le plus célèbre de nos socialistes, Proudhon, dont on n'a pas toujours apprécié à leur véritable valeur les idées philosophiques. L'auteur de *la Justice dans la révolution et dans l'église*, auquel on peut rattacher l'école de la morale indépendante, s'est efforcé de remettre en lumière le principe fondamental de la révolution, la dignité humaine, la dignité de l'être raisonnable et libre, se suffisant à lui-même pour établir tout ensemble son devoir et son droit, indépendamment des dogmes métaphysiques ou religieux. Par là aussi Proudhon et les partisans de la morale indépendante ont continué l'œuvre de Kant [13]. « Disciple de Comte en même temps que de Kant, » comme il le dit lui-même, Proudhon chercha à fonder le droit de l'homme au respect sur un fait : « L'homme, dit-il, en vertu de la raison dont il est doué, a la faculté de sentir sa *dignité* dans la personne de son semblable comme dans sa propre personne, et d'affirmer, sous ce rapport, son identité avec lui… Le droit est pour chacun la faculté d'exiger des autres le respect de la dignité humaine dans sa personne. » Mais cette faculté dont Proudhon admettait l'existence, il n'en proposa point une suffisante explication tant qu'il s'en tint au terme vague de *sentir sa dignité*. Quand il voulut donner à la dignité même une signification plus précise, tantôt il se contenta de la ramener à la liberté sans que sa doctrine se distinguât sur ce point des théories courantes, tantôt il sembla la réduire à la conscience de la force : on sait quelles dangereuses concessions il fit lui-même à la force dans sa théorie de la guerre et de la paix. En somme, Proudhon voulait fonder le droit sur un fait et sur un fait de conscience, le « sentiment de la dignité ; » mais un sentiment ne pouvait suffire à expliquer le caractère d'obligation et de nécessité dont nous revêtons l'idée du droit ; ne semble-t-il pas que le droit, au lieu d'être simplement un fait, est au contraire une idée dépassant et débordant le fait, qu'elle domine et qu'elle juge ? De son coté l'école spiritualiste, avec Maine de Biran, Royer-Collard, Victor Cousin, Jouffroy, n'avait cessé de développer sous diverses formes la doctrine rationnelle qui place le fondement du droit et de la dignité dans la volonté libre. Cette volonté, pour Maine de Biran, éclate dans l'effort par lequel nous imprimons le mouvement à nos organes, dans le travail ; d'où Biran, s'il s'était occupé des questions sociales, aurait pu déduire que le travail, qui est la force personnelle en action, est le principe de la propriété personnelle ou plus généralement de tous les droits. Pour Royer-Collard et Victor Cousin, la volonté réside dans le pouvoir de choisir entre, le bien et le mal, dans le libre arbitre ; du libre arbitre procèdent à la fois le devoir et le droit, avec la responsabilité de chacun dans l'accomplissement de sa propre destinée. « Qu'est-ce que mon droit à votre respect sinon le devoir que vous avez de me respecter parce que je suis un être libre ? Mais vous-même vous êtes un être libre, et le fondement de mon droit et de votre devoir devient pour vous le fondement d'un droit égal et en moi d'un égal devoir. Je dis égal de l'égalité la plus rigoureuse, car la liberté et la liberté seule est égale à elle-même. « Il n'est pas possible de concevoir de différence entre le libre arbitre d'un homme et le libre arbitre d'un autre [14]. » Telle est la théorie qu'on retrouve, avec des nuances multiples, et chez les successeurs immédiats de Victor Cousin, et chez la plupart des spiritualistes contemporains. : La doctrine récente des nouveaux kantiens n'en diffère pas notablement, et le *criticisme* de M. Renouvier fonde également le droit sur la liberté, qui, à ses

Alfred Fouillée

yeux, consiste essentiellement dans le libre arbitre. « Les relations de *débit* et de *crédit* des agents réciproques, c'est-à-dire le droit et le devoir comme termes corrélatifs,… se résument théoriquement de chaque côtés par la. dignité, c'est-à-dire la liberté, la personnalité même, et par le respect de cette dignité [15]. »

On le voit par cette simple esquisse des principales, théories de notre siècle, c'est une doctrine devenue aujourd'hui classique en France que de faire reposer le droit sur la liberté morale, et toutes les écoles contemporaines de notre pays, sauf les positivistes, reviennent après plus ou moins de détours à cette théorie en quelque sorte nationale. Il faut croire pourtant que la conception française du droit renferme en elle-même quelque chose d'incomplet et d'obscur, puisqu'elle est si loin encore d'avoir rallié les esprits soit dans l'Allemagne et l'Angleterre, soit dans la France même, où elle fait le fond de la philosophie populaire et de la philosophie universitaire. Il est certain qu'un grand nombre de difficultés semblent encore rester sans solution dans cette doctrine. Contentons-nous d'indiquer les principales, afin de bien faire comprendre quel est l'état actuel de la question et quels nouveaux éclaircissements elle réclame.

V

Les philosophes de notre pays s'en sont tenus trop souvent, dans leurs théories du droit, à des expressions vagues et générales sur la « dignité, » sur le « respect de la personne humaine, » au lieu de déterminer nettement ces trois points : la valeur de la liberté, la relation de la liberté avec sa fin, la nature intime de la liberté. En premier lieu, il eût fallu marquer avec plus d'exactitude le fondement et le degré de cette dignité qu'on attribue aux êtres libres ; est-elle limitée ou infinie, subordonnée ou indépendante, relative ou absolue ? En d'autres termes, pour quelle raison précise la liberté est-elle grande, noble, inviolable ? A-t-elle sa valeur en elle-même ou l'emprunte-t-elle à un principe supérieur ? Victor Cousin et généralement les spiritualistes de l'école française ont subordonné la liberté au devoir, à la « loi morale, » à la « loi de la raison, » à une règle fournie par l'intelligence ; mais alors comment soutenir que le libre arbitre est en lui-même sacré et respectable ? Comment la liberté peut-elle être ainsi tout ensemble inviolable et subordonnée à une fin ? Cette relation de la liberté à sa fin n'était guère expliquée dans l'école de Victor Cousin. On ne la concevait plus à la manière de Kant et de Fichte, selon lesquels la fin de la liberté est la liberté même : on n'aurait osé dire avec eux, au sens propre des mots, que « l'humanité est *fin en soi*, » ou avec Proudhon et les partisans de la morale indépendante, que la justice est humaine, rien qu'humaine, que le principe du droit est l'homme même et non quelque être supérieur ou quelque loi supérieure. La liberté demeurait donc un simple *moyen* pour l'accomplissement de notre destinée ; or il ne semble pas que ce qui est seulement un moyen puisse fonder un droit absolu. Dans le fait, on a toujours vu Victor Cousin et les doctrinaires maintenir avec Royer-Collard et Guizot ce qu'ils -appelaient « la souveraineté de la raison, » les « droits de la raison, » et en déduire dans la politique des conséquences favorables à l'aristocratie, ce droit des plus raisonnables et des plus sages, ou de ceux qu'on préjuge tels. Le compromis de la monarchie constitutionnelle, mélange de principes opposés, était l'expression fidèle d'une métaphysique en quelque sorte constitutionnelle elle-même, démocratique par le principe de l'inviolabilité de la liberté, aristocratique par la subordination de la liberté à une loi supérieure.

Si la valeur de la liberté et sa relation avec sa fin demeurèrent ainsi dans le vague pour l'école spiritualiste, c'est que le même vague subsistait sur la nature intime de la liberté. Par la liberté morale, la plupart des spiritualistes français n'ont entendu autre chose que le libre arbitre, et ce libre arbitre, on ne l'a jamais sérieusement distingué de la liberté d'indifférence ; car il se ramène à la puissance de vouloir dans un seul et même instant, toutes circonstances égales d'ailleurs, une chose ou son contraire, le plus grand bien ou le moindre, le bien ou le mal. En admettant l'existence de ce pouvoir si contesté, avait-on du moins trouvé pour le droit un fondement solide ? Nullement. Cette faculté attribuée à l'homme de vouloir une chose quand il pourrait vouloir l'opposé n'est qu'une force à double effet, comme la force de la vapeur qui peut faire aller une locomotive aussi bien en arrière qu'en avant ; mais la locomotive est-elle plus sacrée et plus inviolable parce qu'on y peut renverser la vapeur et appliquer la force motrice à deux fins ? Ne semble-t-il pas au contraire que cette possibilité même de deux directions, dont l'une peut être fort dangereuse, autorise et nécessite une surveillance assidue de la machine ? Il ne servirait à rien de répondre que, si la machine est sans droit, c'est que le mouvement en avant ou en arrière vient en réalité du mécanicien. Supposez que la volonté du mécanicien puisse aussi se renverser avec la même facilité que la vapeur et ait la faculté de vouloir les contraires ; supposez, ce qui revient au même, que la locomotive puisse elle-même changer sa direction, on ne voit pas comment déduire de là son inviolabilité. Il y a plus, une telle machine serait si dangereuse pour la société humaine qu'on s'empresserait de la soumettre par tous les moyens à une règle fixe. Non moins périlleuse serait une volonté capable de tout vouloir et de se déterminer d'une manière imprévue entre tous les contraires : auprès d'elle, personne ne serait en sûreté. Ne prononce-t-on pas l'interdiction et la séquestration contre les fous, dont les décisions sont ainsi arbitraires et impossibles à prévoir ? Ne rétablit-on pas le centre de gravité dans la *balance folle* qui tombe à droite et à gauche ? Ce que beaucoup de philosophes se sont figuré comme la liberté de la volonté semble au contraire la folie de la volonté. En présence de cette liberté prétendue, de cette liberté fantasque, nous nous empresserions d'abord de nous garer, puis de la détourner de notre chemin comme on détourne un chariot emporté par un cheval sans frein. Le droit ne peut trouver son fondement métaphysique et moral dans la liberté d'indifférence.

On s'est efforcé d'ordinaire, dans l'école spiritualiste, d'établir une distinction entre cette liberté d'indifférence et sans motifs, trop évidemment étrangère au droit comme au devoir, et le libre arbitre ou pouvoir de choisir entre les divers motifs d'action, sur lequel Victor Cousin et ses successeurs établissent le devoir et le droit. C'est aussi à la liberté des alternatives, au pouvoir de choisir entre les contraires que M. Renouvier ramène finalement toute liberté intérieure : la liberté morale est tellement inséparable à ses yeux de l'idée d'alternative et de la représentation des contraires, qu'il la fait consister dans une « indétermination des futurs » permettant d'attendre en des circonstances identiques des décisions différentes de la volonté. Mais cette conception du libre arbitre ne se réduit-elle pas elle-même, en dernière analyse, à la liberté d'indifférence ou d'indétermination ? Vainement M. Renouvier, avec d'autres psychologues, remarque que la liberté d'indifférence est le pouvoir de choisir sans motifs, tandis que le libre arbitre est le pouvoir de choisir entre plusieurs motifs différents. Selon lui, si je n'ai aucun motif pour aller à droite plutôt qu'à gauche dans une promenade, et que cependant je me décide pour l'un des côtés, ce sera la liberté d'indifférence entendue à la façon de Reid, liberté toute chimérique ; mais, si j'ai des motifs d'intérêt pour dire le contraire de ce que je pense et des motifs de devoir pour dire la vérité, le choix entre la sincérité ou le mensonge sera un choix entre deux actes diversement motivés, et non entre deux actes sans motifs. — Ainsi raisonnent tous les partisans du libre arbitre entendu comme un choix entre des motifs contraires ; par malheur cette conception se résout encore, quand on l'examine de plus près, en une liberté d'indétermination incapable de fonder le droit. En effet, pour qu'une balance s'incline sans poids, il n'est pas nécessaire qu'il n'y ait aucun poids dans les plateaux ; il suffit ou que les poids se fassent équilibre et que cependant la balance s'incline, ou qu'il y ait un poids plus fort et que cependant la balance penche du côté le plus faible. Dans les deux cas, on aura le droit de dire : Voici une balance qui s'incline en l'absence de tout poids ou même contre tout poids, une balance indéterminée et indifférente aux poids. Telle serait la volonté dans le choix entre les contraires [16]. Admettons cependant qu'un égal pouvoir de détermination entre les contraires nous soit accordé, comment fonder là-dessus le droit ? Nous voilà revenus après ce détour en face des mêmes objections que tout à l'heure. Qu'y a-t-il dans l'idée d'indétermination, demanderons-nous de nouveau, qui commande le respect et motive l'inviolabilité ? Qu'y a-t-il aussi de sacré dans la multiplicité ou la diversité possible des décisions ? Un pendule qui oscille est-il pour cela plus respectable ? Une hache à deux tranchants est-elle plus inviolable que si elle en avait un seul ? Un revolver à six coups confère-t-il plus de droit qu'un pistolet à un coup ? Parce que je pourrais à mon gré, faisant tourner ma volonté en tous sens, vous ravir vos biens ou ne pas vous les ravir, prendre votre vie ou ne pas la prendre, auriez-vous pour moi plus de respect ? — Plus de crainte, je l'accorde, mais quant au respect, comment le motiver par cette étrange raison : « Voici un homme tout aussi capable, s'il le veut, de faire un scélérat qu'un citoyen honnête ! » Cette parfaite capacité pour la scélératesse comme pour l'honnêteté, ce caractère également propre à tout, d'où peuvent jaillir les actions les plus opposées, cette puissance ambiguë et indéterminée en soi qui fait sortir les contraires du néant par un *fiat* incompréhensible, ne contient en elle-même rien qui détermine le respect plutôt qu'un autre sentiment. Indifférente en elle-même, cette volonté laisse ma volonté indifférente à son égard tant qu'elle n'agit pas ; quand elle agit, je profite de l'action si elle favorise mes intérêts, j'essaie de l'empêcher si elle les contrarie, mais en aucun cas ne s'applique l'idée morale du droit. Droit et arbitraire s'excluent. Ce n'est pas cette parole royale : « Tel est notre bon plaisir, » qui peut rendre inviolable celui dont elle émane ; de ce principe : « j'ai l'égal pouvoir de faire une chose ou son contraire, » nous ne voyons pas comment tirer cette conclusion : mon pouvoir de faire une chose ou son contraire est un droit, et il faut le respecter.

On dira : — Ce libre arbitre, ce pouvoir absolu de réaliser les contraires fonde le droit chez l'être ou il réside parce qu'il le distingue de tous les autres êtres, par exemple des choses ou des animaux, lesquels ne peuvent agir que d'une façon déterminée par les circonstances ; le libre arbitre, étant supérieur à tout, rend l'homme lui-même supérieur à tout le reste. — Mais pourquoi, demanderons-nous à notre tour, cette sorte de liberté serait-elle supérieure à tout ? Encore une fois pourquoi l'indétermination constitue-t-elle un avantage sur la détermination ? Si le pouvoir absolu de réaliser les contraires est ce qu'il y a de plus haut et est supérieur à toutes choses, on pourra dire que ce pouvoir absolu est le bien même en son essence, car s'il avait un bien supérieur à lui, il ne serait plus absolu ni suprême. Dès lors, quoi qu'il fasse, inséra toujours le bien, il sera toujours bon, et tous ses actes, étant également le produit d'un même pouvoir absolu, seront bons, seront justes, seront conformes au droit. Si au contraire on prétend que le pouvoir absolu de réaliser les contraires a une loi à suivre et que, selon le choix qu'il fait, il mérite ou démérite, cela supposera quelque chose de supérieur à ce pouvoir, un bien plus haut, une loi extérieure s'imposant à lui ; dès lors il n'est plus le principe suprême ; ce sera cette loi supérieure qui fondera le droit, et non la puissance des contraires. — De plus cette puissance n'entraînera pas, comme il le semblait au premier abord, la responsabilité qu'on veut fonder, le mérite ou le démérite qu'on veut établir. En effet, le mérite et la responsabilité supposent l'imputabilité, et celle-ci suppose un certain lien entre les actions et le *moi* qui les produit : si une action sort du fond indéterminé et obscur de l'être alors que l'action opposée aurait pu aussi bien en sortir, comme un coup de foudre imprévu sort de la nue, quel lien y aura-t-il entre l'être et son action ? Comment faire retomber sur l'être même le mérite d'une action qui est en quelque sorte détachée de lui, qui ne dérive pas nécessairement de son caractère, qui est comme un accident et non comme une marque essentielle de sa physionomie ? Le libre arbitre, en tant que pouvoir de faire une chose ou son contraire, est impossible à distinguer du hasard, et c'est ce qu'Épicure avait fort bien vu ; mais le hasard ne fonde pas l'imputabilité ni le mérite.

Ce n'est pas tout. Si le libre arbitre résidant dans la puissance des contraires est ce qu'il y a de supérieur à toutes choses, la vertu, qui diminue cette puissance, ne vaudra pas mieux que le vice, qui produit une diminution analogue : un homme vertueux ne s'enlève-t-il pas à lui-même le pouvoir de choisir entre le bien et le mal ? Ne devient-il pas incapable de commettre un meurtre, un vol, une infamie ? Il accroît donc dans sa volonté la part de la détermination aux dépens de l'indétermination ; dès lors il diminue sa liberté absolue de réaliser les contraires, et si cette liberté est le bien, le droit, l'objet du suprême respect, la vertu qui l'amoindrit est un vice. La liberté de l'homme vertueux sort de cette indétermination et de ce mystère où elle se voilait d'abord comme une divinité cachée dans le tabernacle : elle prend une forme déterminée et une figure ; elle prend un *caractère*, des traits précis, et en quelque sorte humains ; ce n'est plus une divinité, elle est déchue de l'absolu pour tomber dans le relatif. Elle n'est. plus supérieure à l'intelligence et, comme disait Platon, à *l'essence* : elle prend une essence définissable et des qualités spécifiques ; dès lors elle n'est plus le libre arbitre absolu.

On le voit, le libre arbitre, qui peut également agir contre la raison ou pour la raison, ne semble pas nous conférer une inviolabilité plus grande que si nous étions nécessairement déterminés au meilleur ou au plus utile. Quand on veut faire de ce libre arbitre la fin la plus haute à poursuivre, on place la fin suprême et le droit qui en dérive dans l'indétermination ; quand on se contente d'en faire un moyen, on donne gain de cause, volontairement ou involontairement, à la doctrine théocratique qui se défie de la liberté,

Alfred Fouillée

instrument de mal comme de bien, origine du péché et de la contagion du péché, — doctrine qui ne peut manquer d'aboutir à la suppression du droit humain, car le libre arbitre de l'homme n'est plus respectable qu'autant qu'il est conforme à la loi de Dieu. Outre que la liberté réduite au libre arbitre ne semble guère propre à fonder un droit vraiment absolu de l'homme au respect de l'homme, elle demeure en elle-même exposée à toutes les objections des esprits scientifiques et positifs. Comment admettre un libre arbitre en contradiction avec les lois de la science et de la nature, où se constate un déterminisme universel ? Un tel libre arbitre, mystère de la raison, serait en même temps le scandale de la nature. Au point de vue même de la pure psychologie, comment constater qu'au moment même où nous prenons une résolution nous pourrions prendre la résolution contraire, puisqu'en fait l'expérience nous montre seulement une action accomplie et non deux ? Le sentiment intérieur qu'invoquent les spiritualistes ne peut-il s'expliquer par une illusion d'optique intérieure ? Comment surtout établir le paradoxe psychologique de l'égalité du libre arbitre chez tous les hommes ? Si c'est là, comme le croient Victor Cousin et ses successeurs, le vrai fondement de l'égalité sociale, cette dernière n'est-elle pas grandement compromise aux yeux de l'expérience, qui nous montre tant de degrés dans l'énergie de la volonté humaine, dans la possession de soi, dans la liberté morale, et par cela même tant d'inégalités de fait entre les personnalités prétendues égales ? Réduite à des généralités aussi vagues sur la liberté et la dignité, la doctrine spiritualiste ne pourrait satisfaire les esprits rigoureux. Telles sont les principales difficultés auxquelles cette doctrine est exposée et que nous avons dû nous borner à indiquer. Elles se résument dans le dilemme suivant : Si le libre arbitre constitue par lui-même le droit, abstraction faite du bien, comme le libre arbitre est indéterminé de sa nature et susceptible de tous les contraires, l'homme se trouve avoir le droit en tout et le droit à tout, quoi qu'il fasse, et il n'y a pas de raison pour limiter son libre arbitre par le respect d'autrui : je suis absolument libre de réaliser les contraires, vous êtes-absolument libre de réaliser les contraires, pourquoi imposerais-je une limite à mon action dans l'intérêt de la vôtre ? Absolus tous les deux et égaux dans notre pouvoir intime, limités et inégaux dans notre force extérieure, nous en viendrons à la lutte comme deux rois absolus qui se trouvent rivaux, et en fait c'est le droit du plus fort qui triomphera. Si au contraire le libre arbitre n'est pas respectable dans son indétermination, mais dans la détermination qu'il se donne, il n'est plus respectable que par un certain bien qui est sa fin en même temps que la fin des autres hommes. C'est alors cette fin seule qui est absolument sacrée et respectable, seule elle est le droit ; le libre arbitre de l'homme ne pourra plus être respecté pour lui-même, mais seulement dans la mesure où il concourra à la réalisation du bien ; comment donc soutenir encore que l'homme a des droits en tant qu'homme et en tant qu'être libre ? On ne peut plus dire qu'il ait par lui-même aucun droit ; le libre arbitre n'étant qu'un moyen qui souvent se retourne contre sa fin, il est possible et légitime de le l'amener à cette fin par toutes les voies possibles, comme l'enseignent les écoles catholiques-et autoritaires : la fin justifiera les moyens. On pourra et on devra contraindre an besoin la liberté pour son propre bien et pour le bien des autres, sans qu'elle puisse revendiquer cette prérogative d'un respect absolu qu'on appelle le droit.

En un mot, ou le libre arbitre est indétermination pure, et à ce titre absolument respectable, mais alors toute action est bonne et juste, et il n'y a plus de moralité ni de droit-, ou le libre arbitre a une loi supérieure à lui qui doit déterminer sa direction ; mais alors il peut choisir le mal, et il n'est pas absolument respectable.

Ainsi l'idée qu'on se fait généralement de la liberté dans l'école spiritualiste semble plutôt propre à supprimer le droit qu'à l'établir. D'autre part le fatalisme absolu des positivistes paraît encore plus inconciliable avec l'idée du droit, et les difficultés ne sont pas moindres de ce côté que de l'autre, nous avons vu combien Auguste Comte s'est montré logique en rejetant tout ensemble l'idée de droit et l'idée de cause. Si en effet un être est fatalement déterminé par des forces qui lui sont étrangères, sans activité et sans causalité personnelles, sans qu'il soit lui-même une force et un facteur de sa propre destinée, s'il monte ou descend passivement dans le milieu moral plus ou moins haut, plus ou moins bas, par une loi analogue au principe d'Archimède, comme un corps qui monte ou descend dans le milieu atmosphérique selon la force expansive qui le soulève, ont ne voit pas ce qu'il aurait en lui-même qui put lui donner une valeur propre, lui attribuer une dignité, lui conférer un droit.

Alfred Fouillée

Que la volonté humaine soit telle, elle perdra tout son prix intrinsèque : le problème social redeviendra un simple calcul de forces ou d'intérêts, comme dans la philosophie allemande ou anglaise, et la conception française sera réduite à une pure illusion.

Ainsi l'étude des fondements du droit nous amène finalement en face d'une sorte d'antinomie : d'un côté on ne voit pas comment un être sans aucune liberté morale aurait des droits ; d'un autre côté on ne voit pas comment la liberté, du moins telle qu'on l'entend d'ordinaire, pourrait conférer des droits. Si donc la philosophie française veut se soutenir contre les doctrines adverses, il faut qu'elle explique avec précision ce qu'elle entend par liberté, il faut quelle en cherche une notion qui soit également, distante de la volonté indifférente et de la nécessité fatales.

Nous l'avons reconnu, la doctrine française qui fonde le droit sur la liberté morale n'est pas seulement la doctrine d'un homme, mais celle d'un peuple, et naguère encore, avant le développement des écoles allemandes et anglaises, elle semblait devenue celle de tous les peuples ; elle a de trop profondes racines dans le caractère national et dans la philosophie nationale, elle a eu en même temps trop d'influence sur le développement des institutions civiles ou politiques, non-seulement en France, mais dans toute L'Europe, pour qu'on puisse l'abandonner sans un mûr examen et sans avoir tenté par un nouvel effort de la rendre plus solide. Ainsi nous apparaît la nécessite d'indiquer, dans une prochaine étude, les points sur lesquels la doctrine française du droit doit selon nous recevoir quelque perfectionnement. Une fois complétée, cette doctrine pourrait peut-être maintenir en face des philosophes adverses la vérité relative de son propre point de vue ; en même temps seraient mieux comprises l'originalité de notre caractère national et l'utilité de l'influence française pour le progrès universel.

Notes

1.   Voyez, dans la Revue du 1er juin 1874, le Droit, la force et le génie d'après les écoles allemandes contemporaines, et, dans la Revue du 15 avril 1875, le Droit et l'intérêt d'après l'école anglaise contemporaine.

2.   On a aussi noté bien des fois cet instinct de fraternité qui faisait considérer à nos ancêtres comme un honneur par excellence le sacrifice de soi à autrui. Déjà ils donnaient le nom même de fraternité, brodeurde, aux associations où de jeunes guerriers, Rattachant à quelque chevalier en renom, s'imposaient un dévouement absolu à sa personne dans la vie et dans la mort, « montant sur le bûcher, disent Polybe et César, en même temps que celui qui les avait aimés. » Enfin, à cet instinct de fraternité se joignait un certain sentiment d'égalité qui comblait parfois les distances entre les classes et les sexes, qui permettait à l'esclave ou à la femme d'entrer par libre adoption dans le collège des druides, à la jeune fille de choisir librement son époux, à l'épouse d'avoir une personnalité libre, une propriété, une part dans l'administration des biens communs ; premier pressentiment de la famille telle que notre droit l'a intitulée en France. Ces sentiments égalitaires avaient leur origine dans un amour déjà vif de la liberté, joint à une idée encore vague de la valeur inhérente à la personne humaine. La manifestation la plus frappante de cette idée est la vivacité de la foi gauloise à l'immortalité personnelle. La Gaule croyait que les personnes et les affections ont un prix trop inestimable pour ne pas survivre à la mort même : la mort n'est que « le milieu d'une longue vie. » Les anciens, on le sait, reviennent sans cesse sur la force et l'importance de cette croyance, qui entraînait dans la pratique un mépris de la mort et un courage indomptables : Non paventi funera Gallicœ.

3.   , Voyez, dans l'Ancien régime de M. Taine, le chapitre consacré à expliquer les privilèges des seigneurs et du roi, p. 14 et suiv.

4.   Henri Heine, voyant avec raison dans Paris le cœur même de la France, saluait en cette ville « la ville de l'égalité, de l'enthousiasme et du martyre, la ville rédemptrice qui a déjà tant souffert pour la délivrance temporelle de l'humanité. » (La France.)

5.   Histoire de l'Europe pendant la révolution française, trad, de Mlle Bosquet.

6.   La Réforme intellectuelle, préface. Paris, 1872.

7.   Il y a du vrai dans ce que disait Henri Heine : « C'est dans le sens le plus étroit de l'esprit de corporation que le peuple anglais

Alfred Fouillée

demande sa liberté, c'est-à-dire ses libertés accordées par chartes et privilèges ; la liberté française, liberté faite pour le genre humain, liberté dont tout l'univers, les titres de la raison à la main, se mettra un jour en possession, est essentiellement et pour elle-même odieuse aux Anglais. Ceux-ci ne connaissent qu'une liberté anglaise, liberté anglo-historique, patentée à l'usage des sujets par sa majesté le roi de la Grande-Bretagne, basée sur quelque vieille loi, par exemple du temps de la reine Anne. » (La France, p. 205.)

8.   Le Peuple, p. 71.

9.   Par exemple M. Renouvier.

10.   Qu'on lise sur ce point, dans l'Histoire de la science politique de M. Janet, les doctrines des pères et docteurs de l'église ; on ne pourra manquer de conclure avec lui que « la doctrine d'un droit de propriété antérieur et supérieur à la volonté souveraine de l'état est une doctrine révolutionnaire toute moderne, qui date historiquement des trois révolutions anglaise, américaine et française, et qui théoriquement se rencontra pour la première fois dans Locke et les économistes français. » — « Otez le droit des empereurs, disait saint Augustin, qui osera dire : Cette maison est à moi ? » (In evang. Job. VI, 23.) — « Otez le gouvernement, disait Bossuet, la terre et tous ses biens sont aussi communs entre les hommes que l'air et la lumière... Du gouvernement est né le droit de propriété, et en général tout droit doit venir de l'autorité publique. « Politique, I, III, 4.

11.   Tableau historique des progrès de l'esprit humain, neuvième époque.

12.   Cours de philosophie positive, t. VI, p. 454. 2e édition.

13.   Proudhon a parfaitement formulé le caractère purement humain et, comme on dit dans l'école, immanent du droit et de la justice. — « J'écarte tout théologisme, toute théorie de l'absolu... La justice est humaine, tout humaine, rien qu'humaine : c'est lui faire tort que de la rapporter de près ou de loin, directement ou indirectement, à un principe supérieur ou antérieur à l'humanité. Que la philosophie s'occupe tant qu'elle voudra de la nature de Dieu et de ses attributs, ce peut être son droit et son devoir. Je prétends que cette notion de Dieu n'a rien à faire dans nos constitutions juridiques, pas plus que dans nos traités d'économie poli-

tique et d'algèbre. La théorie de la raison pratique subsiste par elle-même ; elle ne suppose ni ne requiert l'existence de Dieu et l'immortalité de l'âme ; elle serait un mensonge si elle avait besoin de pareils étais. » On reconnaît la thèse qui fut plus tard soutenue par les partisans de la morale indépendante dans un journal consacré tout entier à ce grand problème. « Le droit de l'homme vis-à-vis de l'homme, continue Proudhon, ne peut être que le droit au respect ; mais qui déterminera dans le cœur ce respect ? La crainte de Dieu, répond le législateur antique. L'intérêt de la société, répondent les novateurs modernes, athées ou non athées. C'est toujours placer la cause du respect, partant le principe du droit et de la justice, hors de l'homme, et par conséquent nier ce principe même, en détruire la condition sine qua non, l'innéité, l'immanence. » (La Justice dans la révolution et dans l'église, t. Ier, p. 84.) Restait à expliquer le vrai fondement de ce respect auquel l'homme a droit de la part de l'homme.

14.   Justice et charité.

15.   Science de la morale, II, 480.

16.   Supposons en effet que les deux motifs contraires soient des forces équivalentes, ils s'annulent, et le choix de la volonté, qui a lieu cependant, est indéterminé ou sans motif ; s'ils ne sont pas équivalents et que je choisisse l'acte dont les motifs ont en moi le moins de force, j'agis non-seulement sans motif, mais contre tout motif ; enfin, si je me détermine dans la direction des forces les plus puissantes au sein de ma conscience, il y a alors motif, mais aussi on ne voit pas comment j'aurais pu, avec la même disposition intérieure, avec le même caractère et dans les mêmes circonstances, prendre une détermination diamétralement opposée. M'attribuer ce pouvoir, c'est toujours placer en moi le hasard d'Épicure, la liberté d'indifférence qui se détermine à tâtons avec un bandeau sur les yeux, sans voir la raison effective de son acte. Cette raison, en réalité, ce sera quelque force étrangère à la volonté, quelque concours fortuit de circonstances, en définitive une nécessité cachée.

Alfred Fouillée

II. Le droit et l'idée de liberté [1]

L'antiquité s'était figuré d'après le même type le monde humain et le monde physique. Ce dernier lui apparaissait comme une sphère close par une voûte de cristal, où tous les astres, tous les corps ont un centre unique, la terre ; de même l'état était une sphère fermée où tout se subordonnait à une puissance unique. Selon cette conception absolutiste, l'individu ne pouvait avoir sa valeur et son droit que dans l'état ; la législation et la politique n'étaient guère que des systèmes de centralisation. Peu à peu s'est substituée à l'idée antique une idée plus libérale, et la conception moderne de l'ordre social n'est pas sans analogie avec la conception moderne de l'ordre astronomique. Brisant le ciel de cristal dont Aristote enveloppait le monde, la science a fait de l'univers une sphère infinie dont la circonférence n'est nulle part, et en même temps, au lieu d'un centre unique, elle a placé le centre partout, car chaque objet gravite vers les autres, et tous les autres gravitent vers lui ; l'action régulatrice, autrefois concentrée dans la terre immobile, se dissémine à l'infini et réside à la fois avec l'être et le mouvement dans tous les objets ; le monde stellaire est en quelque sorte décentralisé. Il en est de même dans le monde moral et social : les limites reculent à l'infini, et les sociétés particulières tendent à se perdre dans la société universelle ; le vrai droit n'est plus seulement la volonté d'un prince ni l'intérêt d'un pays, il est le droit de l'homme ; par cela même, le centre du droit est partout, et chaque individu peut être considéré tour à tour comme fin ou moyen, comme obéissant ou commandant, comme sujet ou législateur de la « république universelle. »

Nous l'avons vu, c'est en France surtout, — grâce aux tendances spontanées ou réfléchies de l'esprit national et de la philosophie nationale, — que cette doctrine est arrivée à sa forme la plus haute et qu'on a tenté de l'appliquer. Or elle a pour fondement philosophique un principe, simple au premier abord, en réalité difficile à justifier : la liberté morale considérée comme absolument inviolable. Ce principe est aujourd'hui battu en brèche de toutes parts ; il est essentiel de le soumettre à une analyse attentive. Nous essaierons d'être aussi peu abstrait que possible ; toutefois, dans ces difficiles problèmes, il est des abstractions nécessaires à la rigueur de la science. Ni en Allemagne ni en Angleterre, où se produit de nos jours un nouvel essor de la pensée, on ne recule devant les considérations parfois abstruses sur lesquelles repose la philosophie politique et sociale ; le public français, fidèle à l'esprit spéculatif de notre pays, ne saurait sur ce point rester en arrière, ni négliger cette recherche des principes sans laquelle le droit et la politique appliqués risquent de s'égarer. « Quand j'ai eu découvert mes principes, disait Montesquieu, tout le reste est venu à moi. »

Le droit fondé sur la liberté morale, tel qu'on l'entend dans notre pays, est-il une réalité ? S'il n'est pas une réalité, est-il du moins un idéal ? S'il est un idéal, est-il réalisable ? — Telles sont les trois questions intimement liées que nous examinerons d'abord. Nous nous demanderons ensuite si la doctrine française, une fois rectifiée et prise en un sens supérieur, ne pourrait pas se concilier avec les doctrines allemande et anglaise.

I

Notre philosophie traditionnelle, qui a tant de fois invoqué le sens commun, se fait en réalité du droit une idée peu commune, paradoxale même sur plus d'un point. Fondant le droit sur « le respect absolu de la volonté libre, » elle élève la personne humaine à un rang qu'aucune autre doctrine ne lui confère et qu'il n'est pas aisé de justifier au nom de l'expérience.

Les jurisconsultes disaient autrefois du souverain, — roi, empereur ou dieu : « Il est la loi vivante ; » selon la doctrine de la révolution, ils devraient dire maintenant de l'homme et de tout homme : « Il est le droit vivant. » Kant ne faisait que commenter Rousseau et la révolution en disant : « L'homme est une *fin en soi.* » Si l'homme avait ce haut rang dans la nature, à ce prix seulement pourrait se réaliser son « inviolabilité, » car un être n'est inviolable que si on ne doit pas, par ruse ou par violence, le faire servir d'instrument à un but étranger. Par cela même, l'homme serait vraiment objet de « respect, » car le respect est le sentiment produit par l'idée d'un être qui, ne pouvant être assujetti à une fin plus haute, doit demeurer maître de soi. Les philosophes et les législateurs de la révolution française ont entrevu plus ou moins clairement ces caractères du droit et les conséquences qui en dérivent ; c'est pourquoi ils prétendent que le droit est « inaliénable et imprescriptible. » Un

Alfred Fouillée

droit qu'on pourrait aliéner ou annuler au profit de quelque principe plus élevé ne serait plus à leurs yeux qu'un droit provisoire et conditionnel, une permission ou une tolérance, en définitive une grâce. Ce mot même de tolérance, Mirabeau voulait le chasser de la langue du droit et s'indignait qu'on parlât sans cesse de « tolérance religieuse, » car la faveur accordée aujourd'hui peut être retirée demain. Un droit toléré est une idée aussi contradictoire que celle des « libertés octroyées, » avec laquelle d'ailleurs il se confond : la charte de la conscience doit être non le don d'un souverain, mais la propriété naturelle de tout homme. — Le droit, s'il avait réellement tous ces attributs que lui assigne la philosophie française, ne serait rien moins qu'une chose sans équivalent matériel, par conséquent inestimable et sans prix. Dans la balance symbolique de la justice, supposez d'un côté un individu avec ce que l'école française regarde comme un de ses droits les plus évidents, celui de ne pas être mis à mort quand il n'a commis aucun crime : si c'est là un droit véritable, non pas seulement une tolérance ou un privilège d'emprunt, vous aurez beau accumuler dans le plateau opposé de la balance des forces et des intérêts, les forces et les intérêts de deux hommes, de cent hommes, de quarante millions d'hommes, tant que vous n'aurez pas introduit dans le second plateau l'idée d'un autre droit égal au premier, quel que soit, le poids de vos intérêts et de vos forces, la balance de la justice demeurera immobile, inébranlable, fixée par le droit moral d'un seul contre les forces et les intérêts matériels de tous. Rien de ce qui s'évalue mathématiquement ne peut devenir équivalent à l'idée que la philosophie française se fait d'un droit qui, s'il résidait quelque part, serait supérieur à toute quantité et absolu. Si nous pouvions être sûrs d'avoir en nous des droits de ce genre, nous serions sûrs par cela, même de porter en notre conscience une chose incommensurable avec toutes les autres, qui ne trouverait son contre-poids que dans un autre droit égal à elle-même.

Ainsi entendu, le droit est-il une réalité ? — Bien des raisons s'y opposent. Élever la valeur de l'homme au-dessus de toute comparaison possible avec des forces ou des intérêts, si grands qu'ils soient, c'est ne lui attribuer rien moins qu'une sorte d'infinité ; or l'infinité est en nous une idée, non une réalité d'expérience. Accorder à l'homme une indépendance et une inviolabilité sans condition tant que sa volonté n'empiète pas sur celle des autres, c'est lui conférer un caractère absolu ; mais l'absolu est en nous une idée, non une réalité. De plus, pour avoir un droit véritable, il faudrait que l'homme fût non-seulement une *fin*, mais encore, comme le voyait bien Auguste Comte, une *cause* capable de spontanéité ; par malheur ces idées de fin et de cause sont ce qu'il y a de plus difficile à établir : ne ressemblent-elles pas à cette ligne de l'horizon que l'enfant se flatte d'atteindre et qui fuit devant lui à mesure qu'il s'élance vers elle ? — La cause vraiment douée d'initiative, disent nos philosophes, c'est le libre arbitre : voilà ce qui donne à l'homme, selon le mot de Pascal, « la dignité de la causalité. » — Mais, nous l'avons montré dans une précédente étude, le libre arbitre se ramène psychologiquement à un jeu de motifs où l'indétermination n'est qu'apparente, où le déterminisme est réel. Comme le hasard, l'indétermination est un mot dont nous couvrons notre ignorance. Quant à la liberté entendue en un sens plus large, comme l'indépendance de l'être dans son action, où la saisir sur le fait, où la constater comme réalité ? Est-elle autre chose encore qu'une idée ? Le *moi* lui-même, l'individualité, la personnalité, dernier fondement du droit, est-ce autre chose qu'une simple forme de la conscience, un aspect sous lequel nous nous apparaissons, une idée qui accompagne constamment toutes, nos autres idées et où elles viennent se réunir comme les rayons de certains miroirs en un foyer purement virtuel ? L'individualité absolument simple, absolument identique à elle-même, est insaisissable. Ici encore l'absolu échappe à nos prises en tant que réalité ; nous le concevons par la pensée, nous ne pouvons le saisir par l'expérience. — Voilà le côté solide du naturalisme et les sérieuses objections qu'on peut faire de ce point de vue à la réalité du droit, La philosophie française a donc eu tort, selon nous, de poser immédiatement le droit comme une chose actuelle et en quelque sorte comme un fait d'expérience intérieure. Qu'il n'existe rien dans l'homme au-delà des purs phénomènes et de leur succession, c'est sans doute ce que le naturalisme ne saurait positivement démontrer, puisqu'il s'agit d'objets situés hors des limites de l'expérience positive ; mais qu'il y ait quelque chose au-delà, le spiritualisme ne le démontre pas davantage. La porte reste ici ouverte aux hypothèses métaphysiques, et il ne faut pas la fermer ; seulement,

Alfred Fouillée

comme on ne saurait confondre des hypothèses avec des faits, une méthode exacte exige qu'on attribue à chaque chose son vrai caractère. Nous devons donc dire que le droit absolu de l'école française, entraînant un respect absolu, se fonde sur des attributs idéaux de l'humanité qui sont, tout hypothétiques, sur de pures idées auxquelles la pensée humaine n'a pu jusqu'ici se soustraire, mais dont il lui est impossible de vérifier la réalité positive. Et toutes ces idées, au fond, comme les formes géométriques qui se ramènent à des figures élémentaires, ne sont que les diverses formes d'une seule, celle de la liberté, sans laquelle il n'y a ni *moi* véritable, ni individualité, ni causalité vraie, ni infini, ni absolu, conséquemment pas d'inviolabilité absolue, pas de droit proprement dit.

Est-ce à dire qu'il faille, dans la doctrine du droit, accepter simplement le pur naturalisme, qui nie l'existence du droit même ? Nous venons de voir que ce système exprime une partie de la vérité, mais est-il pour cela la vérité tout entière ? Il fournit le terrain ferme sur lequel repose l'édifice philosophique ; mais l'édifice lui-même ne peut-il monter vers des régions supérieures ?

II

Il est un naturalisme exclusivement matérialiste qui croit en avoir fini avec les idées de liberté, de personnalité, de droit, dès qu'il a montré qu'elles n'expriment pas des faits observables ; pourtant, si ces choses n'ont pas d'existence comme réalités, elles ont du moins une existence comme idées ; or est-ce là un mode d'existence qui n'ait aucune valeur et dont il ne faille tenir aucun compte ? — — Non, les idées sont des pensées, et les pensées ne sont point un élément sans importance dont il soit permis de faire abstraction, surtout quand ces pensées sont celles qui dominent et gouvernent l'humanité. Pour le matérialisme brut, tout ce qui n'est pas une réalité est une chimère ; mais, objecterons-nous, ce qui n'est pas une réalité peut être un idéal. Stérile est la chimère, comme ces monstres qui, alors même qu'ils ont pu naître, ne peuvent du moins enfanter à leur tour ; fécond est l'idéal, comme ces conceptions créatrices du poète, de l'artiste, du philosophe, qui peuvent faire surgir un monde nouveau d'idées, de sentiments, de volontés. La chimère est irréalisable, l'idéal est progressivement réalisable ; l'une est contre la nature, l'autre est selon la nature, l'une est le faux, l'autre est le vrai. Le domaine des idées est la part légitime de l'idéalisme, qui n'exclut pas le naturalisme, mais l'achève et le complète, de même que la pensée n'exclut pas la matière, mais l'éclaire, la pénètre et la transforme. Il faut donc dans toute science élever l'idéalisme sur les fondements même du naturalisme et chercher à les unir ; on ne sort pas pour cela du naturalisme vrai : étudier les idées, c'est analyser les formes de la pensée humaine, déterminer ses directions essentielles ou accidentelles, découvrir les lois de son évolution ; or la pensée, elle aussi, fait partie de la nature.

La science sociale et politique, plus encore que toute autre, doit tenir compte de l'idéal dans ses principes et dans ses applications. La science sociale en effet tend à la pratique, et il n'y a point de pratique sans idéal ; un être intelligent ne peut rien faire sans se demander ce qu'il y a de meilleur à faire. Là est le côté vrai, là sont la grandeur et la force de la doctrine française ; notre nation a toujours eu l'ambition de réaliser le meilleur, elle a toujours voulu conformer ses lois et sa politique aux idées les plus hautes que la pensée puisse concevoir ; nous ne sommes point de ceux qui, avec M. Taine, lui en font un reproche. Une législation civile, une constitution politique, doivent sans doute être faites pour la réalité, mais elles doivent être faites en même temps pour l'idéal ; c'est ce qu'oublient les naturalistes et l'école historique, dans leurs critiques en partie justes de la méthode suivie par notre nation. La considération de l'idéal est aussi indispensable au jurisconsulte et au politique que l'étude de la géométrie pure au mécanicien, quoiqu'il n'y ait dans la nature ni cercle parfait, ni triangle parfait, ni même une seule ligne réellement droite. Dès lors la vraie méthode nous impose l'examen de cette question : — Si le droit et la liberté ne sont point une réalité, ne sont-ils pas du moins un idéal ? En d'autres termes, la perfection de la société n'est-elle pas que tout le bien qui peut se réaliser en elle soit réalisé volontairement par ses membres, et ne faut-il pas pour cela laisser à chaque volonté cette indépendance extérieure et intérieure qui constitue le droit ?

Parlons d'abord de la liberté extérieure. Il est certain que le bien réalisé volontairement par l'individu et sans contrainte venue d'autrui est, sous tous les rapports, supérieur au bien contraint. Les raisons en sont nombreuses. D'abord il a plus d'intensité : c'est

Alfred Fouillée

une puissance qu'aucune résistance ne vient affaiblir, comme un fleuve dont le lit et les bords, au lieu d'opposer un obstacle à son cours, contribueraient à pousser les eaux en avant par une pente irrésistible. Il est aussi plus durable : ne sont-ce pas les obstacles qu'un élan rencontre qui s'opposent à sa durée, comme la résistance de l'air au mouvement d'un projectile ? Toute contrainte n'a qu'un caractère temporaire et provisoire : elle s'use à la longue parce qu'elle agit du dehors, tandis que la volonté agit du dedans ; c'est ce qui fait l'impuissance finale de tout despotisme. On cherche dans l'ordre social, comme on l'a cherché dans l'ordre physique, le mouvement perpétuel ; mais ce qui est une chimère pour nos mécanismes sans vie, la vie le réalise : le mouvement perpétuel est dans cette faculté dont Rousseau fit le principe idéal de toute association humaine et le moteur de tout progrès humain, la volonté, car la volonté convaincue, persuadée, éprise de son objet, persiste tant qu'elle dure dans le mouvement où elle trouve sa pleine satisfaction. — A l'intensité et à la durée s'ajoute un troisième caractère, la variété des effets, c'est-à-dire la richesse et la fécondité. La contrainte extérieure est une force uniforme appliquée toujours au même point ; la volonté au contraire se multiplie et se diversifie parce qu'elle est perfectible et croît en tous sens. — Ce n'est pas tout ; si le bien volontaire est supérieur aux autres en quantité, il ne l'est pas moins en qualité, parce qu'il est seul conscient, senti, aimé. Un bien dont nous n'aurions pas conscience n'existerait pas *pour nous* et serait inférieur sous ce rapport ; or la liberté laissée à la volonté crée la conscience ; la contrainte au contraire, en s'exerçant sur le corps, tend à faire prédominer la nature sur la pensée. Aussi la philosophie française a-t-elle raison de se représenter la *loi*, formule du bien général, comme devant être l'expression de la conscience générale. Une nation digne de ce nom est une union volontaire de consciences, non un assemblage forcé d'êtres aveugles et passifs. — Ajoutons que le bien volontaire et voulu par tous est aussi le seul qui soit aimé de tous. Aime-t-on ce qu'on subit malgré soi ? aime-t-on la violence qui enchaîne les membres sans enchaîner le cœur ? Enfin le bien volontaire rend seul heureux : on n'est heureux que quand on jouit de ce qu'on aime. Le bonheur n'est point une chose passivement subie qui puisse venir du dehors et entrer en nous malgré nous, comme une liqueur versée dans un vase si le vase est amer, il rend amère la plus douce liqueur. Faire le bonheur d'un homme ou d'un peuple malgré lui est une contradiction et une chimère, trop souvent reproduite dans l'antiquité et de nos jours par les autoritaires et les théologiens, par tous ceux qui veulent être nos sauveurs malgré nous. Au point de vue même du naturalisme, le mécanisme le plus parfait est celui qui a en soi un moteur toujours présent, qui a le moins besoin de la continuelle intervention de l'ouvrier, qui même peut s'en passer à jamais, se diriger, se réparer et se refaire, s'adapter spontanément au milieu et se perfectionner par son intime énergie. Tel est l'idéal que poursuit la nature dans tout être vivant, car cela même, c'est vivre ; tel est aussi l'idéal que doit poursuivre la société humaine. Aussi les naturalistes doivent-ils le reconnaître comme les idéalistes, tout bien que la société imposé par contrainte est un bien mort, tout bien qui jaillit du sein et l'individu est un bien vivant. La véritable évolution, chez des êtres intelligents, doit avoir lieu par l'intérieur, non par des moyens extérieurs qui la réduiraient à n'être que superficielle et apparente. L'homme qui vaut le plus, comme la société qui vaut le plus, est celui qui porte en soi, autant qu'il est possible, le principe de sa valeur propre et de sa propre évolution.

Après avoir ainsi établi la supériorité du bien accompli sans contrainte, nous avons un second pas à faire, une seconde prémisse à poser. Suffit-il que la volonté soit indépendante extérieurement et exemple de toute pression étrangère ? Ne faut-il pas encore, pour se rapprocher de son idéal, qu'elle soit indépendante intérieurement ? Or l'intime et complète indépendance de la volonté serait ce qu'on nomme la liberté. La philosophie française a fondé en dernière analyse son idée du droit sur cette liberté intérieure et morale, dont la liberté extérieure n'est à ses yeux que la manifestation et la garantie. Ici encore s'est-elle fait une juste notion de l'idéal, sinon de la réalité ?

Nous croyons qu'il faut l'accorder à nos philosophes, si la volonté humaine atteignait à « la liberté morale » ou du moins s'en rapprochait le plus possible, l'individu aurait en soi une valeur plus personnelle et plus haute : on pourrait justement lui attribuer sa perfection intérieure et sa bienveillance pour autrui, en un mot le bien dont il serait l'auteur. La perfection reçue des autres est la perfection des autres, qui seuls en ont le mérite. La beauté d'une œuvre d'art appartient à l'artiste, et c'est dans la pensée de l'artiste que réside la beauté véritable dont l'autre n'est que l'image inanimée. Toute œuvre n'a qu'une valeur de forme, l'ouvrier seul a une valeur de fond. C'est par un abus de langage que nous appelons bonnes les choses matérielles soumises à des lois entièrement fatales : un cristal est symétrique, régulier, ordonné, il n'est pas bon.

Il importe seulement de concevoir avec exactitude cet idéal de liberté qui, s'il se réalisait, serait l'accomplissement de la nature humaine et comme la consécration de notre droit au respect et à l'amour. Nous l'avons vu, les partisans de la liberté d'indifférence qui agit sans motifs, ou (ce qui revient au même) du libre arbitre vulgaire qui agit contrairement aux motifs, ne peuvent fonder là-dessus une théorie du droit capable de satisfaire les esprits scientifiques : ce libre arbitre indéterminé ne saurait constituer le plus haut idéal de la volonté et conséquemment la plus haute valeur de l'homme, principe de son droit. D'un autre côté, le matérialisme et le fatalisme absolus, en supprimant toute action de l'individu et en expliquant tout par le dehors sans qu'il reste aucune part au dedans, suppriment finalement l'activité même et ne laissent plus à l'individu de valeur propre. Il faut donc se faire de la liberté idéale une notion qui l'élève à la fois au-dessus de la fatalité et de l'indifférence. D'une part, selon nous, cette liberté ne consisterait pas à vouloir également une chose ou son contraire, à introduire dans le monde et dans l'histoire, avec cette possibilité ambiguë des contraires (qu'admet par exemple M. Renouvier), un inexplicable hasard. D'autre part, elle exclurait la complète passivité de chaque être telle que l'admettent les fatalistes, car elle suppose chez l'être une action propre, une tendance essentielle qui le constitué, une force spontanée qui fait sa valeur. Comment donc faut-il se représenter cette force ? Est-il nécessaire de la concevoir comme une sorte de miracle dans la nature ou plutôt en dehors de la nature ? Ne peut-on s'en faire un idéal qui ne soit pas en contradiction avec le déterminisme de la nature même ? — Sans entrer ici dans des considérations trop abstraites que ne comporterait pas cette étude, disons seulement que le sens du mot de liberté a été considérablement détourné par les métaphysiciens et les théologiens de son antique étymologie : liberté veut dire indépendance. Or les scolastiques et les psychologues modernes ont fini par restreindre la liberté au libre arbitre proprement dit, au pouvoir de réaliser les contraires, qui, en le supposant tel qu'ils l'imaginent, ne serait toujours qu'une forme particulière et, comme disait Descartes, le plus bas degré de la liberté. Mais le libre arbitre, apparent ou réel, n'a de valeur qu'autant qu'il peut être pour nous un moyen d'augmenter notre indépendance, et c'est toujours en définitive l'indépendance même qui constitue à nos yeux la vraie liberté comme le vrai droit. Dans son sens négatif, le mot de liberté exprime l'absence de toute contrainte étrangère à l'être même ; dans son sens positif, il exprime la présence d'une force agissant par soi, l'activité spontanée et consciente, la volonté : la liberté doit donc se définir la volonté indépendante ou qui ne dépend que de soi.

Reste à savoir en quoi consiste cette indépendance. — Entendu à la façon vulgaire, le libre arbitre serait indépendant des motifs qui le sollicitent et pourrait agir contre ces motifs ; mais le pouvoir de n'être déterminé par aucun motif est-il ce qui nous importe ? Non, l'indépendance par rapport, à tout motif ne peut être qu'apparente. et serait d'ailleurs inutile ; en fait, il y a toujours un motif caché qui explique la décision, et n'y en eût-il aucun, une décision arbitraire et inexplicable serait sans valeur morale ou sociale. Qu'est-ce donc qui est vraiment précieux ? C'est l'indépendance par rapport aux motifs inférieurs et extérieurs, aux motifs égoïstes et matériels, car ces motifs expriment non la direction normale et essentielle de la volonté raisonnable, mais la déviation que les fatalités du dehors lui font subir ; ils sont donc des servitudes. Dès lors la vraie liberté, si elle existe, ne consiste pas à pouvoir mal faire, mais à pouvoir bien faire ; elle n'est pas la puissance de déchoir, mais la puissance de monter. Le premier de ces pouvoirs n'est pas nécessairement une condition du second, malgré le préjugé vulgaire qui ne se figure les choses que par contraste ; car il se peut que le mal soit le résultat des contraintes extérieures, des servitudes physiques, besoins, passions, etc., tandis que le bien serait le dégagement de notre propre activité, de notre vraie nature intelligente et aimante. En faisant le mal, la volonté ferait ce qu'elle ne veut réellement pas ; en faisant le bien, elle ferait ce qu'elle veut réellement, ce que veulent les autres volontés, ce que veut l'univers : ce serait une délivrance. Ainsi nous pouvons nous faire la notion d'une liberté idéale qui ne serait ni le déterminisme exclusif

Alfred Fouillée

ni la liberté vulgaire d'indétermination [2].

Cette liberté idéale se confond avec le droit idéal. En effet, l'être qui aurait des droits dans toute la force de ce mot serait l'être qui ne dépendrait que de soi. Et c'est bien ainsi que l'entend même le vulgaire ; quand nous voulons affirmer notre droit, nous disons : « Je ne dépends que de moi-même. » Droit, indépendance, liberté, sont donc des traductions diverses d'une même conception, et comme cette conception existe, plus ou moins vague, dans toutes les consciences, il faut reconnaître qu'elle a une valeur au moins comme suprême objet de la pensée humaine.

Ceci posé, que reste-t-il à savoir ? — Il faut examiner si la liberté, si le droit est condamné à n'être qu'un idéal stérile perdu dans les espaces imaginaires, aussi inactif et impuissant sur le monde que les dieux d'Epicure, ou s'il est susceptible d'une réalisation plus ou moins complète. Le problème que nous avons maintenant à résoudre consiste donc à trouver un trait d'union effectif entre l'idéalisme et le naturalisme, si bien que l'idéal puisse descendre dans la nature même, la transformer à son image et l'élever jusqu'à lui.

III

Le trait d'union entre le naturalisme et l'idéalisme, le moyen par lequel se réalise l'idéal, c'est, selon nous, l'évolution, qui, étant ici consciente et se proposant à elle-même un but, peut s'appeler progrès. Seulement nous nous représentons d'une façon particulière cette évolution. Selon nous, le moteur trop peu remarqué qui l'accomplit est l'influence exercée par l'idée même sur sa propre réalisation. Nous ne prenons pas ici l'*idée* au sens métaphysique de Hegel : nous n'entendons pas par là je ne sais quelle entité insaisissable à l'expérience ; nous voulons parler des idées mêmes que conçoit notre intelligence et qui sont nos propres pensées. Toute idée conçue par nous a une action sur nous et tend à se réaliser par cela même qu'elle est conçue : voilà notre principe. Au fond, penser une chose, c'est déjà la commencer : on ne peut avoir par exemple l'idée d'un mouvement sans produire dans le cerveau ce mouvement même, l'idée d'une mélodie sans la chanter intérieurement. En outre parmi les idées, il y en a de supérieures à toutes les autres, qui expriment des *idéaux* : telle est la liberté, tel est le droit. Ces idées sont des types d'action qui indiquent la plus haute direction que puisse prendre la nature humaine, l'achèvement et la perfection de notre nature ; ce sont donc des *idées directrices*, moteurs intellectuels et centres efficaces d'attraction.

S'il en est ainsi, nous devons appliquer à la théorie du droit une doctrine philosophique que nous avons longuement exposée ailleurs[3] et en mettre à l'épreuve la fécondité dans l'ordre social. Quand nous agissons sous l'idée directrice de la liberté et avec confiance dans la possibilité de sa réalisation, nous en voyons effectivement une image se réaliser de plus en plus en nous, en vertu du déterminisme même. Les lois naturelles de la sympathie, qui s'exercent entre les divers individus, faisant passer d'un visage à l'autre les larmes ou le rire, la crainte ou l'espérance, s'exercent aussi au sein d'un même individu ; l'idée et le désir, par contagion, envahissent toutes les parties de l'être et se les assimilent. Comme si l'homme devenait semblable, selon la pensée platonicienne, à l'objet de sa contemplation et de son amour, nous nous rapprochons de la liberté en la pensant et en la désirant, — approximation indéfinie, évolution sans limites qui fait la vie morale. Or, de même que nous acquérons sur nous une puissance d'autant plus grande que nous avons plus de foi dans notre puissance, de même nous acquérons pratiquement une valeur d'autant plus haute que nous sommes plus persuadés de notre propre valeur ; nous nous rapprochons donc en même temps de l'idéal du droit et de l'idéal de la liberté. Ce sont deux évolutions parallèles qui s'accomplissent également sous l'influence de l'idée. Se persuader qu'on ne peut avoir ni indépendance personnelle ni droit moral, c'est s'enlever le ressort intérieur, c'est se rendre vraiment esclave et se dépouiller soi-même de son droit ; se persuader qu'on a une activité capable d'une certaine initiative, c'est développer en soi une énergie qui peut toujours s'accroître, et avec cette énergie croît la dignité. Dès que nous avons conçu la liberté, dès que nous avons espéré la réaliser en nous-mêmes, nous ne voulons plus être traités comme une chose, mais comme une pensée vivante, comme une conscience, comme une volonté. On a beau nous dire que nous n'avons peut-être pas en fait cette liberté : nous la concevons et nous nous en rapprochons, cela nous suffit ; comme s'il suffisait au prisonnier d'avoir entrevu le libre ciel et une voie d'affranchissement possible pour en garder le souvenir

Alfred Fouillée

ineffaçable, pour se voir délivré d'avance, et que son seul espoir de la liberté fût déjà par lui-même inviolable à autrui. Tout en effet dépend de l'objet qu'on espère : quand cet objet est ce qu'il y a de plus divin, l'espérance même est divine et impose le respect. On a dit que la douleur est sacrée ; il vaudrait peut-être encore mieux dire : l'espérance est sacrée.

Voilà ce qui donne à l'idée du droit dans la pratique une si fortifiante influence : un individu ou un peuple qui n'est pas prêt à soutenir son droit, à affirmer obstinément en face du fait brutal son idée et son espoir, à maintenir ainsi sa volonté et sa dignité, abandonne tout ensemble son droit moral et sa force morale ; il se trahit lui-même. L'école historique veut nous faire dépendre entièrement de notre passé. M. Taine, par exemple, déclare qu'en fait de constitutions et de législations « nos préférences seraient vaines : d'avance la nature et l'histoire ont choisi pour nous ; c'est à nous de nous accommoder à elles, car elles ne s'accommoderont pas à nous ; la forme sociale et politique dans laquelle un peuple peut entrer et rester n'est pas livrée à son arbitraire, mais déterminée par son caractère et son passé [4]. » On nous parle sans cesse du passé depuis quelque temps, et on oublie l'avenir. Que dirait-on d'un homme qui, ayant à choisir entre une vie juste et une vie injuste, s'appliquerait ce raisonnement : « La nature a d'avance choisi pour moi ; la forme de vie dans laquelle je puis entrer est déterminée par mon caractère et mon passé ; j'ai été injuste jusqu'à ce jour, par conséquent je dois rester d'accord avec mon caractère historique. » Dans cet argument renouvelé du « sophisme paresseux, » on néglige l'élément essentiel du problème, que nous avons tout à l'heure rétabli : on oublie que l'idée même agit pour transformer la nature, que l'histoire ne se fait pas sans nous, mais par nous, et que c'est elle en définitive qui s'accommodera à nous-mêmes. La bonne jurisprudence et la bonne politique sont comme la bonne guerre : les victoires ne viennent point toutes seules, et si les Turcs étaient aussi fatalistes qu'on le prétend, ils n'auraient point vaincu à Plevna. Les paroles de M. Taine sont le commentaire du mot célèbre : « les constitutions ne se font pas, elles poussent ; » et on pourrait lui répondre ce qu'on a répondu à Burke : les hommes ne les ont pas trouvées toutes poussées en s'éveillant un beau matin d'été ; elles ne ressemblent pas aux arbres qui, une fois plantés, croissent toujours tandis que les hommes dorment, car elles sont l'œuvre des hommes eux-mêmes.

Aussi les naturalistes devront-ils, selon nous, s'accorder à la fin avec les idéalistes pour reconnaître que tout individu et tout peuple ne saurait être trop persuadé de sa puissance de progrès, du trésor de force vive qu'il porte en lui et de la valeur croissante qu'il peut lui-même se donner.

Outre ce premier point, les naturalistes nous en concéderont encore un second : c'est que, si cette énergie perfectible qui fait le prix des hommes et des nations a des limites, ces limites du moins ne nous sont pas connues et peuvent indéfiniment se reculer dans la pratique : qui pourrait indiquer d'avance les bornes de l'activité humaine et lui défendre d'aller plus loin ? En conséquence, nul ne peut fixer à un homme ou à un ensemble d'hommes un prix matériel déterminé et pour ainsi dire une valeur-limite. D'autre part, il est bon que ces bornes soient aussi éloignées en fait qu'il est possible ; les naturalistes devront donc convenir que ce qu'il y a de plus conforme à l'idéal de notre nature comme à l'idéal du droit, c'est d'amasser en nous et comme d'emmagasiner la plus grande somme possible d'énergie personnelle, que l'ordre social devra servir non à comprimer, mais à dégager.

Nous faisons ainsi commencer la théorie du droit, comme la morale, par une pure idée, dont nous analysons ensuite les conséquences et les moyens de réalisation ; et l'idée mère du droit est, selon nous, la même que celle de la morale : c'est l'idéal d'une volonté libre, c'est-à-dire capable d'indépendance progressive par rapport à tous les mobiles inférieurs. Le géomètre présuppose la notion de l'étendue, le physicien celle de la matière ; de même le sociologiste doit présupposer comme fin de la science sociale l'idéal de la liberté ou de l'indépendance personnelle telle que nous l'avons définie. Nous possédons ainsi, comme bases de notre doctrine, deux choses qui ont une valeur positive et scientifique, deux choses que nul système ne peut nous refuser et ne peut nier : une idée et un fait, l'idée de la liberté et ce fait que la liberté tend à se réaliser en nous et à y réaliser le droit. Comme l'idée elle-même est un fait, nous pouvons dire que nous prenons pour point de départ deux faits également positifs et susceptibles de vérification expérimentale, une pensée et une action. De plus, nous avons un trait d'union

Alfred Fouillée

entre la pensée et l'action : à savoir la progrès, par lequel la pensée transforme l'action même, et qui constitue ce que nous pouvons appeler la liberté pratique ou progressive.

Marquons maintenant en quelques mots les principaux stades de cette évolution de la liberté qui a son parallèle dans l'évolution du droit : on verra ainsi par quels degrés le sentiment du droit se développe dans la conscience humaine.

L'homme se représente d'abord l'indépendance de sa volonté comme s'exerçant à l'égard de tel motif spécial, de telle fin spéciale, par exemple la crainte ou la convoitise ; et en effet, grâce à l'idée même de notre indépendance, qui suspend notre décision et nous fait concevoir deux contraires comme possibles, nous devenons réellement capables d'opposer un mobile à un autre, de triompher d'un premier motif au moyen d'un second, ou de plusieurs au moyen de tons. En cette influence de l'idée consiste le seul libre arbitre possible, qui n'exclut pas le déterminisme, dont il est une forme, mais qui le rend plus flexible, plus apte à la réalisation d'effets contraires, par conséquent plus progressif. Ainsi entendu, le libre arbitre est le premier moyen par lequel nous nous donnons à nous-mêmes conscience de notre indépendance légitime, de notre droit. L'enfant veut affirmer son droit en faisant exactement le contraire de ce qu'on lui commande, afin de se donner le spectacle du pouvoir qu'il possède ou croit posséder sur les contraires, de son pouvoir législatif et exécutif. — En second lieu, nous pouvons nous montrer indépendants de tous les motifs à la fois (au moins en apparence) et agir indifféremment sans raison visible ; seulement, alors même que nous paraissons ainsi vouloir sans raison, il y a toujours une dernière raison qui subsiste et entraîne le reste par un déterminisme caché, à savoir l'idée même que nous pouvons agir sans raison. Chacun connaît ces jouets de physique qui, une fois couchés horizontalement, se redressent eux-mêmes sans cause visible : une balle de plomb cachée dans leur pied et plus lourde que tout le reste suffit à les entraîner et à déterminer leur position. Ainsi se produit l'apparente liberté d'indifférence, l'indétermination apparente, le caprice, qui n'est encore qu'une forme du déterminisme. Là aussi l'homme croit trouver un second moyen d'affirmer son droit : *Sic volo, sic jubeo, sit pro ratione voluntas* ; c'est une sorte de despotisme arbitraire auquel les enfants se plaisent, parce qu'ils y trouvent un procédé facile pour manifester leur auto-nomie, pour se donner à eux-mêmes l'illusion d'une sorte de droit absolu et royal. — En troisième lieu, nous pouvons agir indépen-damment de tout motif particulier et de toute fin bornée ou ma-térielle, nous pouvons placer notre but au-delà de toutes limites, vouloir universellement, vouloir le bien de l'humanité entière et du monde entier ; en cela consiste la moralité, qui, encore une fois, n'est pas l'absence de tout motif, mais la prépondérance du motif universel et désintéressé. Cette prépondérance marque le retour de la volonté à soi, la possession complète et virile de la volonté par elle-même, par conséquent sa vraie liberté. Là aussi nous trouvons la plus haute conscience du droit ; c'est le point où notre indépen-dance personnelle nous apparaît comme liée à l'indépendance de tous les autres êtres, où notre droit nous apparaît comme ayant son complément dans le droit de tous. Le droit, en un certain sens, est l'amour supérieur de soi, mais en tant que cet amour est compa-tible avec l'égal amour des autres pour eux-mêmes ; il est l'instinct supérieur de conservation et surtout de développement, mais il est aussi l'instinct de désintéressement, parce que, dans cette haute ré-gion, les vrais intérêts moraux se confondent et la dignité de l'un appelle la dignité de tous.

Telles sont les trois principales phases par lesquelles nous obte-nons, dans la pratique, une approximation croissante de la liber-té idéale [5]. En même temps, cette évolution intérieure que nous venons de décrire nous offre, mieux que tout le reste, les carac-tères nécessaires pour réaliser l'idée du droit. D'abord droit im-plique *pouvoir* indépendant, puissance d'user de ce qui est et de créer ce qui n'est pas, dans tous les cas puissance défaire, d'agir, de travailler, de se développer. Avoir un droit, c'est avoir droit à quelque chose ; l'idée du droit appelle ainsi celle de l'avenir : on pourrait presque définir le droit l'accès à l'avenir. Conséquemment le droit suppose la *progressivité*. Or nous venons de voir que la liberté pratique est un pouvoir éminemment progressif : nous la concevons en effet comme une puissance qui ne s'épuise pas dans ses actes, qui peut toujours plus qu'elle ne fait et contient plus qu'elle ne donne. Tel un génie fécond et inépuisable ajoute sans cesse à ses premières œuvres des œuvres nouvelles, plus grandes, plus fortes, plus voisines de lui-même, et cependant toujours impuissantes à exprimer l'infinité de son idéal [6]. De là le droit. Si je n'avais qu'une valeur déterminée et pouvant par approximation s'estimer à tel ou tel chiffre, on trouverait aisément des biens supérieurs à ma personne au nom desquels tout serait permis contre moi. Que ferait une volonté seule contre l'intérêt d'un peuple ? Alors même qu'on ne saurait exprimer par des chiffres exacts dans le budget social la valeur de l'individu et celle du peuple, on n'en pourrait pas moins affirmer que l'intérêt du peuple pris en masse représente sous le rapport de la quantité, une valeur plus grande que l'individu isolé. Mais, si nous avons conscience d'une puissance d'évolution et de perfectionnement indéfini, si nous croyons porter en nous-mêmes pour la vérité et la justice un *génie*, au sens antique de ce mot, toujours capable d'enfanter des œuvres plus parfaites, notre valeur morale dépassera à nos yeux toute quantité mesurable et matérielle. Ce général romain qui s'imaginait remplacer des chefs-d'œuvre de peinture par quelque équivalent se montrait fermé à l'idée de l'incalculable valeur des œuvres d'art ; que serait-ce s'il s'était imaginé trouver quelque équivalent de l'artiste même et lui attribuer un prix matériel comme à un esclave ?

On le voit d'après tout ce qui précède, les idées de droit et de perfectibilité indéfinie sont intimement liées, et l'instinct de la France, en ne les séparant point, eut une intuition profonde. Ce qu'on respecte dans l'être doué de volonté et de raison, c'est moins ce qu'il est actuellement que ce qu'il peut être ; c'est le possible débordant l'actuel, l'idéal dominant la réalité. Le présent est gros de l'avenir, disait Leibniz. C'est pour ainsi dire la réserve de volonté et d'intelligence enfermée dans une tête humaine, c'est la progressivité de l'individu, c'est celle de l'espèce même (qui repose en partie sur cette tête) que nous respectons et appelons droit. Dans l'enfant on respecte l'homme, dans l'homme on respecte le dieu.

Par-là est ennoblie à nos yeux l'humanité entière, ou, pour mieux dire, elle est comme divinisée. Je ne dis donc pas : l'homme a une valeur inestimable parce qu'il est libre, ce qu'on peut contester ; mais je dis : l'homme a une valeur inestimable parce qu'il a l'idée de la liberté. En d'autres termes, l'homme a pratiquement des droits par cela seul qu'il à l'idée du droit.

Une dernière question se présente, à laquelle nous ne ferons qu'une courte réponse. Nous avons posé en principe deux choses :

II. Le droit et l'idée de liberté

une liberté tout idéale et un déterminisme réel ; ce dernier peut sans doute, comme nous l'avons montré, se rapprocher sans cesse de la vraie liberté, mais peut-il y atteindre ? En d'autres termes, la liberté idéale est-elle déjà réalisée quelque part ? est-elle réelle en nous-mêmes ? Dans certaines actions qui semblent dépasser toutes les autres par leur désintéressement ou leur héroïsme, nous est-il donné de toucher le but ? — Sur ce sujet, on ne peut faire que des hypothèses ; c'est la part laissée à la métaphysique, tandis que les questions précédentes étaient d'ordre purement scientifique. Il y a des raisons pour le doute, il y en a aussi pour la croyance. De quoi s'agit-il en effet ? Du fond même des choses. Est-ce quelque nécessité primitive qui occupe ce fond, et rive, pour ainsi dire, l'être à lui-même ? Est-ce au contraire quelque liberté primitive dont la spontanéité fait jaillir le flot de la vie ? Est-ce la loi fatale d'Héraclite, le clinamen d'Epicure, la substance de Spinoza, la volonté absolue de Schopenhauer ? Aux métaphysiciens de choisir.

La théorie du droit nous ramène ainsi finalement en présence du problème profond qui agita le moyen âge et qui renaît dans l'Allemagne contemporaine sous le nom de problème de l'individuation. — Qu'est-ce qui constitue l'individu ? Où est la racine dernière de ce *moi* auquel est inhérent le droit ? N'y a-t-il en nous que phénomènes ou ne touchons-nous pas en quelque point à la réalité, comme la plante tient au sol et y puise sa sève ? Sans doute la part du milieu physique et social sera toujours grande : organes, tempérament, hérédité, éducation, que d'influences qui agissent sur moi ! Je suis le point de rencontre et d'intersection d'une infinité de circonstances, comme un cercle imperceptible qui serait coupé en tous sens par une infinité de grands cercles enchevêtrés ; sous l'entre-croisement de ces lignes, l'œil chercherait en vain à le saisir, on irait jusqu'à nier son existence. Supposez pourtant qu'il renferme en son centre vivant une puissance d'expansion qui lui permette de s'agrandir sans cesse et de jeter en tous sens ses rayons, peut-être un jour redeviendrait-il visible et faudrait-il reconnaître en lui un foyer de vie sans limites : c'est le symbole de l'idéale liberté, qui est peut-être, en son essence la plus intime, une réelle liberté.

Ce qui est certain, c'est qu'il y a au fond de l'homme un mystère, quel que soit le nom qu'on lui donne, qu'on l'appelle avec Hamilton et M. Spencer l'inconnaissable, avec M. de Hartmann l'inconscient, avec Schelling et Schopenhauer la volonté absolue. Il y a dans la conscience de l'homme une perspective sans fond, une échappée sur l'infini : l'idée de l'absolu, l'idée de la liberté. C'est ce qui confère à la notion du droit, aux yeux de presque tous les esprits, son caractère métaphysique. La science n'a pas encore, pour ainsi dire, percé l'homme à jour et démonté rouage par rouage la machine humaine : elle ne peut donc encore traiter l'homme comme une chose absolument transparente et intimement connue. Pourquoi ne craignons-nous pas de briser un automate ? C'est que nous en connaissons tous les ressorts, et nous savons qu'il ne contient rien de plus. Telle n'est pas la personne humaine. Supposez qu'en présence d'un homme inanimé il nous sort impossible de savoir avec certitude s'il est mort ou seulement en léthargie, oserons-nous le mettre immédiatement au tombeau ? Dans la personne morale, nous ne savons pas de science certaine s'il y a entière absence ou seulement léthargie de la liberté. Bien plus, la science eût-elle atteint la complète anatomie de l'être pensant et voulant, il resterait encore à savoir ce que c'est que l'*être*, ce que c'est que la *pensée*, et de nouveau se poserait la question : Est-ce fatalité, est-ce liberté ? Ce mystère que l'homme porte avec lui est le fondement métaphysique du droit. Scientifiquement, le droit n'est qu'une valeur idéale prêtée à l'homme ; métaphysiquement, il est peut-être une valeur réelle. Ce simple *peut-être*, cette seule possibilité, cette place réservée au doute motivé et par cela même à la croyance motivée, suffit pour nous retenir au moment d'empiéter sur autrui. Aussi nous nous arrêtons malgré nous devant notre semblable comme devant je ne dis quoi d'insondable, d'incommensurable, qui jusqu'à nouvel ordre est sacré. Est-ce superstition ? est-ce intuition de la vérité ? nous ressentons ce que les anciens appelaient une horreur religieuse, un frisson religieux, *horror* :

Quæ potuit fecisse timet.

Ce sentiment, nous l'éprouvons devant nous-mêmes ; nous nous arrêtons pour ainsi dire devant nous, parce qu'au fond de notre conscience nous apercevons une sorte d'abîme qui nous donne le vertige. C'est ce sentiment qu'on nomme le respect et qui fait partie intégrante du sentiment du droit. Aussi, au point de vue esthétique, le droit est parmi ces choses qui éveillent en nous l'impression au

II. Le droit et l'idée de liberté

sublime, avec ses deux mouvements alternatif, l'un de concentra-
tion mélancolique, l'autre d'expansion et de fierté. L'infinité qui est
dans l'homme, au moins en idée, nous écrase d'abord, nous relève
ensuite : puisqu'elle est dans notre conscience, elle est en nous de
quelque manière, elle est nous-mêmes. Le sentiment du droit personnel est une sorte d'orgueil désintéressé, le sentiment du droit
d'autrui est une sorte de crainte désintéressée qui se résout en un
sentiment final de paix, d'acquiescement, de fraternité.

Quand il s'agit ainsi de savoir si l'idée du droit a une valeur objec-
tive et répond absolument à la réalité, l'insuffisance de la solution
spéculative n'empêche pas une sorte de solution pratique. Le nœud
que la pensée ne peut dénouer, l'action le tranche, car l'action ne
peut demeurer toujours en suspens comme la pensée. Chacun résout donc pratiquement, à sa manière ; la question fondamentale
et métaphysique dont nous parlions tout à l'heure, et il la résout
affirmativement ou négativement selon le degré de force que les
idées mêmes de liberté et de droit ont acquis en lui. L'homme
en qui ces idées sont intenses et dominantes se croit métaphysiquement libre et vérifie pour ainsi dire sans cesse sa croyance par
toutes ses actions, qui se moulent sur ce type intérieur. Celui qui
au contraire n'a qu'une idée faible et vague de la liberté et du droit
doute de leur valeur absolue ou la nie, et sa conduite elle-même
devient comme un doute en action ou une négation visible ; en
même temps, il retombe sous la fascination des idées d'intérêt et
de force matérielle ; — tant il est vrai que toute idée est une puissance qui tend à produire son effet extérieur pour s'y exprimer,
s'y incarner, y prendre corps. De quelque point de vue qu'on l'en-
visage, scientifiquement ou métaphysiquement, l'idée du droit ne
demeure donc pas, comme nous l'avions craint d'abord, inerte et
inefficace. Cette idée, avec le désir spontané qui en est inséparable,
se soumet et se subordonne en nous, à proportion de son intensité
et de sa puissance, toutes nos autres tendances, comme un souffle
supérieur recueille et emporte ce qui flottait au hasard dans des
directions diverses et contradictoires. Les êtres se classent dans la
hiérarchie morale et sociale selon le degré de prédominance effective que l'idée de liberté et de droit a en eux, selon le degré de
conformité que tout leur être présente avec cet idéal de l'être. Et ce
qui est vrai des individus est vrai des nations : elles ne vivent pas

Alfred Fouillée

seulement de réalités, elles vivent d'idéal.

IV

Il importe selon nous, dans toute question philosophique ou sociale, de déterminer d'une manière précise les points sur lesquels peut se faire l'accord des diverses doctrines, ainsi que ceux où se produisent les divergences et les oppositions. La détermination des parties communes aux théories les plus contraires n'est-elle pas le meilleur moyen de marquer ce qui est acquis à la science et de compléter ce qui lui manque encore ? Déjà nous avons indiqué plus d'un point commun aux doctrines naturalistes et idéalistes ; faisons maintenant un retour rapide sur les théories allemande et anglaise, qui identifient le droit avec la force ou l'intérêt, et comparons-les avec la théorie française, qui le fonde sur la liberté ; nous verrons si celle-ci laisse aux autres leur juste part, les complète sans les détruire et les concilie dans un point de vue supérieur.

Le côté vrai des doctrines de l'école allemande, si éprise de la force, c'est que le droit ne doit pas demeurer dans l'ordre purement spirituel, comme une puissance qui ne serait point de ce monde et qui n'aurait à sa disposition aucune force physique. Tout droit doit pouvoir se réaliser au dehors, comme l'a montré Kant, par le moyen d'un véritable mécanisme social et politique, sorte de corps dont il est l'âme. Trouver cette protection extérieure du droit est le problème essentiel de la « mécanique sociale, » et les Allemands ont raison de reprocher aux Français d'en avoir trop négligé l'étude positive et pratique. Après avoir proclamé les droits moraux de l'homme, les théoriciens français ont trop oublié que la réalisation de ces droits dans un système de forces harmoniques, loin de se faire en un jour et par des coups d'autorité, est l'œuvre de la science la plus difficile et la plus longue. Ils ont trop oublié aussi que le droit-moral ne doit pas, en renonçant à la force matérielle, se désarmer lui-même volontairement. En général, nous faisons trop bon marché de la force. N'avons-nous pas vu en France les individus s'en rapporter sans cesse à l'état du soin de soutenir matériellement leurs droits, et aliéner à plusieurs reprises leur liberté extérieure au profit d'un seul homme ? Qu'avions-nous en échange ? Une simple déclaration de droits inaliénables, inscrite en tête des diverses constitutions ; déclaration d'amour platonique à laquelle le reste de la constitution enlevait toute sa vertu, système contradictoire dont le principe était : — Je veux votre liberté, — et dont les conséquences étaient : — Je vous enchaîne. Pascal avait, en termes énergiques, posé le vrai problème du droit lorsqu'il disait : « La justice sans la force est impuissante, la force sans la justice est tyrannique. Il faut donc mettre ensemble la justice et la force, et pour cela faire que ce qui est juste soit fort, et que ce qui est fort soit juste. » De notre temps les moralistes, les économistes et les politiques ont trop considéré le droit pur, sans chercher assez le moyen de changer l'idée abstraite en une force matérielle : nous sommes idéalistes jusqu'à l'excès, et la doctrine même du droit en France, dans ses principes premiers que nous avons tâché de mettre en lumière, est un idéalisme pur. Un des côtés vrais des théories socialistes est d'avoir réclamé, outre la reconnaissance des droits, le pouvoir effectif de les exercer. Qui dit droit dit liberté, conséquemment pouvoir, conséquemment force [7].

Mais, s'il est vrai que la force doit accompagner le droit pour le garantir et en faire un pouvoir effectif, le droit n'est pas pour cela la même chose que la garantie du droit. Sur ce point, les théories allemandes semblent établir une confusion : elles matérialisent le droit, que la France idéalise à l'excès. Un des plus frappants et des plus récents exemples de cette tendance est le livre du *savant* romaniste M. Ihering, professeur à Gœttingue : *le Combat pour le droit* [8]. Selon l'auteur, dont le but semble avoir été de justifier les tendances de la cour de Berlin, la notion du droit et celle de la force sont inséparablement unies ; non-seulement le droit doit résister à la force par la force en cas de nécessité, mais la force et le *combat* sont dans son essence même : « Le combat n'est pas étranger au droit, mais il est lié intimement à l'essence du droit ; c'est un élément de la notion du droit. La conception du droit n'est pas une conception logique, *c'est une conception pure de la force…* Le but du droit est la paix, et le moyen du droit pour assurer la paix est le combat, la guerre, la force. » On voit par quelle subtilité métaphysique M. Ihering fait entrer dans le droit comme élément cet emploi de la force qui n'est que la dernière ressource et le pis-aller du droit. De ce qu'une négation peut servir à détruire une autre négation, il conclut que la négation fait partie de toute affirmation ; de

Alfred Fouillée

ce que « la procédure, qui n'est qu'une nouvelle forme du combat, « peut servir à rétablir le droit lésé, il conclut que le procès fait partie du droit même ; voilà le procès et la querelle érigés en système, voilà la guerre élevée à la hauteur d'une théorie. Le droit, au lieu de se borner à repousser l'attaque, attaque lui-même, devient provocateur. N'est-ce pas là confondre l'essence du droit avec sa limite et son imperfection ? Que tous les hommes respectent mutuellement leur liberté, le droit cessera-t-il de régner parce qu'auront cessé le combat et la force ? L'histoire nous montre au contraire que l'existence du droit est la fin du combat. L'esclavage, violation du droit, a entraîné de longues luttes entre les hommes, mais, comme le remarque M. Renouard, depuis que le respect de la personne humaine en a amené l'abolition, le droit règne paisiblement et la force n'a plus ici de raison d'être. De même pour les luttes religieuses : ce n'est pas le droit et la tolérance, c'est l'injustice et l'intolérance qui ont élevé les bûchers de l'inquisition [9].

L'avenir de lutte indéfinie, de guerre et de procédure que les Allemands nous ouvrent n'est point le véritable avenir ; grâce à la civilisation croissante, la force tend à passer du dehors au-dedans et à se concentrer dans l'individu, sous la forme supérieure de l'intelligence. Les idées ne meuvent-elles pas l'humanité encore mieux que tous les moyens extérieurs ? Le plus de force au dehors, le plus de science au dedans, telle est le suprême degré de puissance dans une société. La société la plus parfaite est celle où il y a le moins d'action extérieure ou violente des citoyens les unis sur les autres et le plus d'activité intérieure dans chaque citoyen. L'idéal serait l'absorption de toute la force coercitive dans la force spontanée, de toutes les résistances externes dans l'initiative intime. La puissance intellectuelle, la pensée, remplacerait alors la puissance physique, et il suffirait désormais au droit d'être une idée pour être par cela même une réalité.

S'il en est ainsi, les écoles allemandes ne doivent-elles pas finalement s'accorder avec l'école française, et ne peut-on ainsi prendre leur doctrine en un sens supérieur qui la réconcilie avec la nôtre ? Au fond, la liberté peut être considérée comme la force vive en son principe même [10]. Or quelle est la chose la plus précieuse pour la mécanique ? La force ; partout où la force est emmagasinée, comme dans le combustible où dort la chaleur, il y a une valeur et un trésor proportionné à l'intensité de la force même. Eh bien, dans notre monde, la principale force est l'homme : l'homme en effet est capable de penser et de vouloir. La pensée est une force supérieure, même mécaniquement, à toutes les forces du dehors, qu'elle s'assimile et tourne à ses propres fins : il n'y a point de machine comparable à un cerveau humain, car c'est de ce cerveau que peuvent sortir toutes les autres machines, et il renferme d'avance en lui la transformation du globe par la science. La pensée, à son tour, n'est que la volonté en exercice, prenant conscience à la fois de sa puissance et des résistances extérieures, calculant et déterminant le rapport de l'une aux autres. Il importe donc avant tout, même pour le développement de l'intelligence et de la science, d'avoir des forces, c'est-à-dire d'avoir des volontés, et des volontés aussi énergiques, aussi ardentes, aussi avides du progrès qu'il est possible. Pour cela, le seul moyen est de dégager la volonté de ses entraves matérielles ou morales, de l'abandonner à son élan spontané, à sa nature essentiellement mouvante et progressive, par conséquent à sa naturelle liberté. En ce sens on peut dire : « Oui, le droit est la force, mais la force suprême est la liberté. » C'est là une conséquence à laquelle la philosophie allemande ne saurait échapper, vers laquelle elle tend déjà et où elle arrivera tôt ou tard. « L'âge moderne, dit M. de Hartmann, en affirmant le droit de tous à la liberté, a dit le dernier mot de la vie politique [11]. »

Même conciliation possible entre la liberté et l'intérêt supérieur où l'école anglaise place le droit. L'intérêt de l'être, c'est d'être le plus possible, d'être indéfiniment et au-delà de toutes limites, par cela même d'agir et de jouir de plus en plus ; mais le maximum de liberté entraîne le maximum d'action et de jouissance : une société utilitaire devrait donc être aussi attentive à ne pas laisser s'éteindre le foyer de liberté que les anciens peuples à entretenir jour et nuit le feu qui devait leur fournir la chaleur et la lumière. C'est ce qu'ont reconnu les Bentham, les Mill, les Grote, et ce que reconnaît M. Spencer.

L'amour de l'idéal, si éloigné de l'utile au premier abord, mais sans lequel il n'y a point de vraie liberté d'esprit, est lui-même parmi les plus utiles ressorts de l'intelligence et de la volonté humaine ; en fait d'idées, en fait de science, en fait d'art, rien de plus nécessaire que le superflu. L'exclusif souci de l'utilité pratique est

Alfred Fouillée

l'*américanisme*, qui a pu avoir son heure chez les peuples jeunes du nouveau continent, occupés surtout de vivre, mais qui serait un danger pour l'Angleterre et pour l'Allemagne comme pour la France ; car l'Allemagne elle-même, depuis qu'elle s'est éprise de la force et de la science appliquée, a ressenti les atteintes du mal. C'est ce que déplorait récemment un de ses savants les plus illustres, Du Bois-Reymond, qui revendiquait avec éloquence les droits de l'idéal [12]. Le zèle pour l'idéal ne diffère point au fond du zèle pour la liberté, car c'est par le culte désintéressé des idées qu'a lieu la délivrance de l'esprit ; rester terre à terre à la recherche de la force matérielle ou de l'intérêt matériel, c'est s'enchaîner soi-même : l'idée seule, a dit Platon, « fait croître les ailes de l'âme. »

Ainsi, quel que soit le point de vue auquel on se place, qu'il s'agisse d'attribuer à la liberté un rang dans la hiérarchie des forces ou dans celle des intérêts comme dans celle des biens intellectuels et moraux, la liberté est ambitieuse par essence et ne peut se contenter d'un rang inférieur : elle est au premier rang ou elle n'est pas. C'est que la liberté, ne l'oublions pas, est au fond la tendance même à dépasser toute limite, tout rang subordonné, toute condition inférieure. Elle est l'éternelle ambition d'un être qui se sent fait pour le progrès.

V

En résumé, le droit, tel que l'a représenté la philosophie française, n'est au point de vue scientifique qu'un idéal ; le tort de cette philosophie, en le posant immédiatement comme une réalité actuelle, a été de ne pas avoir une conscience assez nette de son propre idéalisme. Elle a parlé sans cesse de droit *naturel*, tandis qu'il eût fallu parler de droit *idéal*, car la nature ne connaît pas le droit, et le droit n'apparaît que dans la pensée de l'homme. — Ce premier tort tient à un second : notre philosophie traditionnelle n'a pas vu que la liberté elle-même est une idée, non une réalité présente ; elle a de plus confondu la liberté avec le libre arbitre, dont on se fait vulgairement une notion antiscientifique et qui se résout pour la psychologie dans le déterminisme intellectuel. Enfin elle ne s'est pas toujours rendu assez compte du rang supérieur qui appartient à la liberté idéale et qui en fait une fin, non un simple moyen ; elle n'a pas rejeté assez franchement la vieille doctrine qui subordonne la liberté au devoir, à la vertu, à la vérité ou à tout autre principe. — Ces imperfections de la théorie ont entraîné des défauts pratiques : oubli de la réalité, de la nature, de l'histoire, tendance à projeter l'avenir dans le présent ou dans le passé même et à confondre ce qui sera avec ce qui fut, amour trop exclusif des déclarations de principes et négligence dans les applications, dédain exagéré de l'intérêt et de la force, ces organes nécessaires du droit, bref les excès de l'enthousiasme joints au manque d'esprit positif.

Le temps est venu de distinguer plus nettement ce qui doit être de ce qui est, l'idée du fait matériel. Quand on a soin de ne pas confondre le domaine de l'idéal et celui du réel, on ne risque pas de perdre le sentiment de la réalité même et on est plus capable de plier celle-ci peu à peu, par des moyens termes savamment combinés, à cet idéal dont on veut hâter la réalisation.

Pour nous, nous avons accepté à la fois en leurs principes positifs les trois doctrines de la force, de l'intérêt, du droit, et nous les avons superposées dans leur ordre hiérarchique, de manière à former une sorte de construction dont les assises multiples se supportent l'une l'autre depuis la base jusqu'au sommet. Les fondements les plus matériels de l'édifice nous ont été fournis par la théorie allemande de la force : sans la force rien n'est possible, et tout ce qui a la réalité a aussi la force ; mais l'organisation des forces ne se comprend pas sans celle des intérêts, et là se place la philosophie anglaise, dont le point de vue nous a paru plus élevé. La conciliation des forces et des intérêts était facile : ce sont choses qui se complètent, ou plutôt c'est la même chose sous deux aspects, l'un extérieur, l'autre intérieur [13]. Plus difficile est la conciliation de l'idée française du droit avec les deux autres principes : elle nous aurait même semblé impossible si nous n'avions pas assigné à ces principes divers des domaines divers. Selon nous, comme on l'a vu, le domaine du droit est l'idéal, le domaine des forces et des intérêts est la réalité. C'est ainsi par de pures idées, les plus hautes qu'on puisse concevoir, que l'édifice entier s'achève. La force et l'intérêt sans le droit, ce serait la vie sans idéal ; le droit sans la force et sans l'intérêt, ce serait l'idéal sans vie. Mais en fait l'idéal est lui-même une force, puisqu'il meut l'humanité et semble mouvoir le monde même ; il est un intérêt, puisqu'il est le besoin incessant de

Alfred Fouillée

la pensée et le perpétuel objet du désir. Ainsi la théorie que nous proposons réconcilie les- autres : elle est à la fois un naturalisme et un idéalisme, elle conserve tous les faits, elle conserve aussi toutes les idées, et elle s'efforce de rapprocher peu à peu les faits et les idées, jusqu'à ce terme infiniment éloigné où leur séparation serait réduite à néant, où la force suprême et l'intérêt suprême coïncideraient avec la liberté.

Notre philosophie sociale et politique, en France, doit avouer franchement qu'elle s'appuie à l'origine sur une idée pure. Est-ce là avouer une faiblesse ? Non, mais une puissance. Les idées directrices sont des moteurs plus ou moins forts et plus ou moins sûrs mais toujours nécessaires. Elles sont pour les êtres raisonnables ce que sont les instincts pour les êtres irraisonnables. L'oiseau porte dans sa tête, l'image du nid, qui l'obsède comme un rêve, tout ensemble souvenir du, passé et pressentiment de l'avenir : il travaille sous l'empire de cette vision intérieure, jusqu'à ce qu'il lui ait donné un corps et ait posé sur la branche le nid réel où sa famille doit éclore. Et cet instinct, le plus souvent, est infaillible : le visionnaire est un prophète. Les hommes agissent sous des idées comme les animaux sous des instincts ; de même les peuples, chez qui l'idée reprend toujours la forme instinctive. Les vieux Germains, absorbés par l'idée de la bataille, rêvaient un ciel où les combattants renaîtraient de leurs blessures pour pouvoir recommencer le combat. D'autres peuples furent enivrés par l'idée de volupté et rêvèrent un paradis de houris. Il en est dont la pensée et l'instinct ont pour objet la puissance ; il en est qui sont sous l'obsession de l'utile, tandis que d'autres ont vécu pour l'idée du beau ; ceux-là ne songent qu'à travailler, ceux-ci à contempler et à admirer. Parmi toutes ces notions directrices des peuples et des individus règne la lutte pour l'existence : il se fait une sélection des idées comme il se fait une sélection des espèces ; toute idée d'ailleurs n'est selon nous qu'une forme et un type spécifique, une espèce idéale, dirait Platon. L'idée de liberté, par exemple, exprime une espèce d'êtres ayant en eux-mêmes le principe de leur action et de leur développement à l'infini. Nous rangeons tous les hommes sous cette idée d'indépendance, même ceux qui sont encore dans le plus manifeste esclavage moral, comme nous rangeons sous la notion du cercle idéal toutes les courbes réelles qui tendent à être

II. Le droit et l'idée de liberté

circulaires, quel que soit encore leur écart de la ligne directrice. L'homme aspirera être libre comme une goutte d'eau qui tombe de la nue aspire à être une sphère, comme l'arc-en-ciel du nuage aspire à être un cercle. Le droit idéal de l'homme, c'est donc d'être libre, comme le droit idéal d'un rayon de lumière serait de se propager en ligne droite. Telle est du moins la notion que certains hommes et certains peuples se forment de la direction essentielle à l'humanité : le peuple français ne peut se la figurer autrement. Que d'autres peuples y parviennent et conçoivent une tout autre idée directrice, cela est possible, cela est réel ; mais comme les individus et les peuples ne peuvent se dispenser d'agir et que des êtres raisonnables ne peuvent agir sans une idée, il faut bien que chaque individu et chaque peuple cherche sa force dans son idée morale et sociale, durable ou transitoire, destinée à survivre ou à périr avec les siècles. Nous avons vu quelle est l'idée morale et sociale de la France.

Il y a parmi les instincts des animaux certaines aberrations qui tiennent à ce que des actes autrefois utiles à l'espèce et devenus aujourd'hui inutiles se sont perpétués par une sorte de tradition héréditaire : on en trouverait plus d'un exemple chez les abeilles ou les fourmis. Il y a de même, parmi les idées directrices des individus et des peuples, des formes surannées d'existence et de conduite, des types d'action dont l'utilité a péri et qui survivent à leur propre utilité : telles sont certaines conceptions religieuses bonnes autrefois, maintenant inutiles ou même nuisibles ; telles sont certaines conceptions morales qui ne sont plus que des préjugés, certaines idées sociales ou politiques qui ne sont plus que des antiquités, comme celle de la noblesse, des castes, de la royauté absolue, du droit divin des rois. Ce sont, pour ainsi dire, des idées parvenues à l'état crépusculaire. Au contraire il y a d'autres idées qui sont comme une aurore. Seulement on dispute pour savoir quelles sont celles qui vont redevenir nuit et celles qui vont devenir lumière ; le jour termine ce débat en se montrant. L'histoire donnera tort aux uns et raison aux autres. En ce moment, il s'agit de savoir si l'avenir appartiendra à la liberté égale pour tous, à la fraternité humaine, ou si c'est le jeu des forces et des intérêts qui se substituera au droit. Entre les idées adverses qui luttent pour la vie au sein de l'humanité, c'est à chaque individu et à chaque peuple de prendre parti.

Alfred Fouillée

Mais la science peut devancer l'histoire, et, avant même que le soleil ait paru, elle peut nous dire si les lueurs de l'horizon sont celles du soir ou celles du matin. La valeur d'une idée se prouve par son développement théorique et pratique, comme le mouvement se prouve en se calculant par la mécanique pure et en se réalisant par la mécanique appliquée. De même pour l'idée du droit : nous en apprécierons mieux la valeur quand nous l'aurons suivie en son développement spéculatif et dans ses applications sociales. Nous espérons montrer, dans la suite de ces études, qu'on peut construire la société entière conformément à cette idée directrice du droit, et qu'on en peut déduire tour à tour l'égalité progressive des hommes, la fraternité progressive, la formule de la justice, la loi des contrats, la règle des législations modernes. De plus l'histoire nous montre toutes les conséquences de cette idée tendant à se réaliser sous nos yeux et se réalisant même chaque jour de plus en plus. Ne sommes-nous pas dès lors fondés à conclure que la société finira par s'organiser réellement selon l'idée du droit et qu'il y a dans cette idée l'anticipation de l'humanité à venir ? Que l'astronome, dans la voûte constellée, découvre une nébuleuse en voie de condensation et qu'il puisse à l'aide du télescope étudier la forme, la direction, la vitesse des astres qui la composent, ces données lui permettront peut-être, si elles sont assez nombreuses, de déterminer à l'avance la forme que prendra un jour cette matière sidérale et le centre unique auquel viendront se réunir, après des milliers d'années, ces soleils en mouvement depuis des siècles. La psychologie des peuples et l'histoire font un travail analogue où le passé et le présent révèlent l'avenir ; elles nous montrent dans l'aspiration à la liberté le principe et la fin de tous les mouvements de l'humanité. L'idée de liberté, d'indépendance, de droit, a dès à présent ceci pour elle, qu'elle est le plus haut idéal que nous puissions concevoir ; or, en fait de progrès, l'avantage reste nécessairement aux idées les plus hautes. D'après les symboles antiques, l'univers visible serait né tout entier de cette éternelle aspiration ou, si l'on veut, de cette parole éternelle retentissant dans l'immensité : — Que la lumière soit ; — ne pourrait-on dire que l'univers moral et social naît tout entier d'un désir ou espoir incessant, d'une idée indestructible, d'une parole intérieure qui retentit à l'infini dans la conscience du genre, humain et se traduit en actes dans l'histoire :

II. Le droit et l'idée de liberté

— Que la liberté soit ?

Il faut appliquer à ces hautes notions telles que la liberté et le droit ce que Schelling et Hegel disaient de Dieu : elles ne *sont* pas, mais elles *deviennent*. L'évolution de la nature et son *devenir* peut n'avoir pas de but, mais l'évolution de l'humanité en a un, par la raison décisive que c'est l'humanité qui se propose à elle-même un but et s'impose un idéal à réaliser. Les plus grands parmi les individus et les peuples sont ceux qui ont placé ce but le plus haut et qui ont fait effort pour y atteindre. Sous ce rapport la France est au premier rang.

Par-là se révèle à nous la loi de développement à laquelle notre pays ne saurait se soustraire sans se rabaisser et sans mettre en péril sa grandeur, son existence même. Un peuple se développe selon l'idée directrice dont le caractère national et la philosophie nationale sont l'expression ; or l'idée directrice du peuple français, nous l'avons vu, a été celle de la liberté produisant l'égalité et la fraternité. Ne pourrait-on tirer de là, relativement à l'avenir de notre pays, des conséquences toutes pratiques ? Nous nous bornerons à les indiquer ici comme par anticipation.

D'une part, toute nation a besoin, pour résister aux causes dissolvantes, d'une cohésion morale, d'une unité psychologique, de ce qu'on a appelé l'âme du peuple ; un peuple qui aurait pour ainsi dire en soi cent âmes diverses porterait la division dans son sein et tôt ou tard se fractionnerait, comme ces organismes inférieurs où la vie encore diffuse et dispersée tend à se dissoudre : les lois de l'histoire naturelle valent pour les nations. D'autre part, toute unité imposée à un peuple de l'extérieur, par exemple un pouvoir central despotique, ne saurait que retarder la dissolution sans l'empêcher : dans l'histoire des espèces vivantes, c'est par le dedans que la nature travaille, et il en est de même pour l'humanité. Il faut donc à chaque peuple une unité intérieure qui rayonne du fond à la surface et se donne à elle-même sa forme, comme fait la vie. Or cette unité naturelle, pour la France contemporaine, c'est l'idée du droit ; c'est donc là, si nous voulons retrouver notre puissance nationale, qu'il faut chercher notre point d'appui et notre commun centre d'inspiration. De nos codes civil et pénal, il faut peu à peu bannir les lois, d'ailleurs peu nombreuses, où subsiste encore aux dépens du droit rationnel l'influence des vieilles coutumes, des anciens privilèges et de la religion d'état. Quant à notre constitution politique, la seule réalisation complète et adéquate de l'idée du droit sera le gouvernement de tous par tous : les autres régimes en effet sont des institutions de privilège, celui-là seul est de droit commun. Une monarchie, une aristocratie factices choquent l'esprit logique du peuple français, ennemi de toute fiction constitutionnelle ou autre, et peu habitué à s'incliner devant des symboles ou des idoles. Les notions de pouvoir héréditaire, d'inamovibilité, de prérogative royale ou nobiliaire, de droit traditionnel ou de droit divin, répugnent à notre sentiment de liberté et de responsabilité individuelle. De plus, la France est le seul pays où les classes actives et laborieuses se préoccupent de la légitimité morale d'un gouvernement, où elles réclament des institutions rationnelles et conformes au droit, non pas seulement des expédients ou des compromis d'intérêts et de forces. Cette préoccupation est l'inévitable résultat de toutes les tendances nationales que nous avons signalées ; à quelque excès qu'aient pu aboutir cet amour de la logique et ce souci du droit pur, il faut en tenir compte et, qui plus est, en tirer parti. Il n'y a plus chez nous ni tradition monarchique ni tradition aristocratique ; depuis un siècle, la vraie tradition nationale est la tendance à la démocratie, comme la véritable idée nationale est l'idée du droit. Tradition et idée, encore séparées chez la plupart des peuples, ne font plus qu'un dans le génie de la France actuelle, dont on peut résumer toutes les tendances et aptitudes psychologiques en disant qu'il est essentiellement libéral et démocratique. Aussi une loi d'irrésistible évolution a-t-elle fait surgir, sur les ruines des autres formes de gouvernement, la seule qui soit théoriquement en harmonie avec l'esprit nouveau et puisse lui servir d'organe. On a vu à trois reprises notre pays faire l'essai de cette forme, perpétuel objet des espérances et des revendications populaires. Presque tout le monde en France s'est d'abord accordé à reconnaître que ce genre de gouvernement serait le plus juste en soi et le plus parfait, *s'il était possible*. Aujourd'hui, les plus sages eux-mêmes commencent à supprimer cette restriction en disant : « Il est devenu en France *le seul possible*. »

Dès lors ne peut-on présumer que le développement libéral et pacifique du régime nouveau est seul capable de relever notre pays en le ramenant dans sa vraie voie ? Mainte fois on a vu le peuple français se redresser quand on le croyait pour jamais à terre, faire éclater une richesse imprévue quand on espérait l'avoir ruiné, une plus énergique volonté de vivre quand il semblait près de périr, un esprit nouveau et fécond quand sa pensée semblait épuisée et stérile. C'est qu'habitué à vivre dans une région qui n'est point exclusivement nationale et égoïste, il ne se sent pas atteint par ses désastres dans la meilleure partie de lui-même, dans celle par où il s'efforce de s'identifier avec le cœur même des autres peuples. Il sait qu'il ne périra pas tant qu'il vivra de la vie commune à tous. Ces idées seules peuvent soutenir une nation à travers les siècles qui, au lieu d'être purement nationales, sont humaines ; la France n'attend son salut et sa force que des pensées nourries par la pensée même de l'humanité, toujours vraies, toujours jeunes, immortelles comme l'humanité même : ainsi nos ancêtres, sur le tronc du chêne antique que les saisons couvrent ou dépouillent de feuilles changeantes, cueillaient le gui toujours vert, nourri de sa sève impérissable, symbole et gage d'éternité. Aujourd'hui encore la France, fidèle à son esprit, répond aux échecs matériels en proclamant une idée nouvelle et plus haute où ses vainqueurs mêmes seront un jour forcés de chercher un appui ; au triomphe d'une monarchie conquérante qui lui enlève des forteresses, elle oppose l'idée républicaine, qui, de l'aveu même des philosophes allemands, des Schopenhauer, des Strauss, des Hartmann, comme des philosophes anglais tels que Stuart Mill et M. Spencer, sera un jour appliquée et réalisée dans toute l'Europe et sur toute la terre. Ainsi la France, matériellement amoindrie, s'élargit moralement ; abattue dans le présent, elle se fait avenir, et, en face des gouvernements de privilège, elle tente d'édifier le gouvernement fondé sur la pure idée du droit.

Notes

1.   Voyez la Revue du 15 février.

2.   Le libre arbitre vulgaire implique l'indétermination de la volonté ; la liberté conciliable avec la science serait au contraire une détermination de plus en plus grande et de plus en plus sûre, la détermination à des fins de plus en plus élevées (famille, patrie, humanité, univers), à des motifs de plus en plus universels

Alfred Fouillée

sur lesquels les motifs bornés et égoïstes peuvent de moins en moins prévaloir. L'homme libre est celui sur qui on peut compter de plus en plus, avec une certitude croissante. L'accord du libre arbitre vulgaire avec le déterminisme scientifique est impossible ; au contraire, nous maintenons au déterminisme sa place légitime, et nous en faisons même, comme on le verra tout à l'heure, un moyen d'affranchissement et de progrès. — Mais, dira-t-on, comment la liberté pourrait-elle se concilier avec une détermination de plus en plus grande vers un point donné ? — Cette objection vient de ce que l'on conçoit la détermination comme essentiellement passive et toujours produite par la force du dehors ; mais la vraie détermination pourrait être active, produite par la force intelligente du dedans qui se dégage des obstacles, prend de plus en plus conscience d'elle-même et s'impose à tout le reste. Dans ce cas, la volonté serait déterminée par sa seule nature, ou pour mieux dire par sa seule spontanéité ; or c'est la détermination par soi qui constitue l'idéale liberté : ne dépendre que de soi, ce serait être indépendant. D'ailleurs, répétons-le, ce n'est là qu'une pure idée.

3.   La Liberté et le déterminisme, 2e partie.

4.   L'Ancien régime, préface.

5.   A notre avis, la seule liberté pratique compatible avec la science est cette puissance intérieure de développement qui peut toujours aller en avant et se rapprocher de l'idéal, non par des moyens miraculeux, mais par des moyens naturels et intellectuels, formant eux-mêmes un déterminisme. Quel est dans la pratique l'homme physiquement libre ? Celui qui peut avancer sans cesse, qui a l'espace ouvert devant lui sans qu'aucun lien puisse le fixer définitivement en un point immobile. Quel est dans la pratique l'homme moralement libre ? Celui dont la volonté peut toujours se développer et franchir successivement tous les motifs, tous les mobiles, toutes les fins particulières. Dans cette conception se rapprochent et s'unissent le naturalisme et l'idéalisme. En effet, notre tendance à la liberté agit au sein de la nature et de la société, non plus dans un monde de « noumènes, » comme celui que Kant a imaginé ; elle n'est pas transcendante, mais immanente ; elle ne se confond pas avec cette liberté appelée par Kant et Schopenhauer liberté intelligible, qui pourrait s'appeler aussi bien liberté inintelligible. Elle n'est pas essentiellement distincte de l'intelligence même,

de la réflexion, qui est sa forme et sa manifestation consciente ; elle agit pur l'idée, elle est elle-même une idée en voie de développement, et, trouvant son moteur dans la conscience de soi, elle est ainsi son moteur à elle-même. Tout se développe, et le monde entier évolue ; comprendre cette loi universelle, aider avec réflexion à ce qu'elle se réalise autour de nous, en nous, par nous, voilà notre privilège. C'est ce pouvoir de développer avec réflexion toutes nos facultés, de devenir tout ce que nous pouvons être, de remplir peu à peu notre idéal d'indépendance individuelle et d'union avec l'universalité des êtres, qui constitue notre liberté pratique ou progressive.

6.   En disant que la liberté et son progrès enveloppent l'idée d'infini, nous ne prenons pas ce mot d'infini en un sens métaphorique, mais tout au contraire dans un sens vraiment scientifique. En mathématiques, on appelle infini ce qui est supérieur à toute quantité donnée ; cet infini peut être une variable ; il n'est pas nécessaire qu'il soit quelque chose de fixe et de déterminé sous tous les rapports. De même, la liberté pratique peut être une variable toujours en mouvement vers le mieux et pour ainsi dire courant en avant d'une course éternelle. S'il en était ainsi, la volonté s'appellerait ajuste titre infinie, c'est-à-dire supérieure, en son essence toujours active et mouvante, à toute borne fixe, à toute mesure immobile et morte comme le nombre. Par cela même aussi, sa valeur intime serait incommensurable.

7.   On peut prendre en un bon sens ce qu'écrivait M. Louis Blanc en 1839 : « Le droit, considéré d'une manière abstraite, est le mirage qui, depuis 1789, tient le peuple abusé. Le « droit » est la protection métaphysique et morte qui a remplacé pour le peuple la protection vivante qu'on lui devait. Le droit, pompeusement et stérilement proclamé dans les chartes, n'a servi qu'à masquer ce que l'inauguration d'un système d'individualisme avait d'injuste et ce que l'abandon du peuple avait de barbare… Disons-le donc une fois pour toutes, la liberté consiste non pas seulement dans le droit accordé, mais dans le pouvoir donné à l'homme d'exercer, de développer ses facultés, sous l'empire de la justice et sous la sauvegarde de la loi. »

8.   Der Kampf um's Recht, traduit en français par M. Meydieu. Paris, 1875.

Alfred Fouillée

9.   La théorie de M. Ihering n'est que l'exagération de celle de Kant, qui avait fait entrer l'idée de contrainte comme élément dans celle du droit. Mais la force de contraindre qui doit accompagner le droit n'est pas le droit même. Bien plus, le pouvoir de contraindre n'est pas nécessairement la contrainte effective ou la force en exercice : c'est seulement la force à disposition, prête à agir en cas de nécessité. Autre chose est le pouvoir, autre chose l'usage. L'usage doit aller diminuant à mesure que le pouvoir augmente. En langage mécanique, la puissance gagne ce que perd la résistance qui lui est faite ou qu'elle est obligea de faire, car cette résistance est de la force perdue.

10.   Qui dit force dit une activité capable de se manifester an dehors par le mouvement visible, au dedans par ce mouvement invisible qui est la pensée ; or l'activité ne se comprend psychologiquement que par la volonté, où nous saisissons en acte notre propre puissance : si vivre est agir, agir est vouloir. La liberté, telle que nous l'entendons, ne diffère pas de la vie même ni de l'être ; c'est la vie considérée comme tendant à se perpétuer et à s'accroître indéfiniment, c'est l'être considéré dans son effort vers l'infini, en d'autres termes, c'est la force en action et en progrès.

11.   Philosophie de l'inconscient, II, 429 (traduction française de M. Nolen).

12.   Il faut avouer, disait-il, que même chez nous l'américanisme fait des progrès inquiétans. L'Allemagne est devenue une et forte, son vœu de jeunesse est accompli : le nom allemand est respecté sur le continent et l'océan ; mais, si nous revenons en pensée à l'Allemagne d'autrefois, morcelée, impuissante, pauvre, philistine et bourgeoise, ne trouverons-nous pas qu'il manque quelque chose à ce présent si brillant, si prestigieux ? N'aurons-nous pas le soupir du Lied des Hirondelles : — Combien loin ce que j'étais jadis ! — Avec ses rêves indéfinis, son effort sans fin, sa défiance d'elle-même, l'Allemagne n'a-t-elle pas perdu aussi son ardeur pour l'idéal, sa passion généreuse pour la vérité, sa vie intérieure si calme et si profonde ? » (Culturgefchichte und Naturwissenchaft : Deutsche Rundschau, novembre 1877.) Puis, passant en revue ce qui fut jadis et ce qui n'est plus aujourd'hui, le savant allemand se prend à regretter « cette fleur, éphémère de la littérature germanique qui a passé comme un rêve, » cet amour de l'art pour l'art lui-même, qui

a fait place à la recherche du savoir et du pouvoir. « La politique et la science, qui, avec leurs dures réalités, ont réduit au silence l'aimable conversation des salons parisiens, ont aussi chez nous fait tort aux épigones des héros classiques et romantiques. » Goethe lui-même, s'il vivait aujourd'hui, n'écrirait plus Werther ni Faust : il mettrait à profit, au Reichstag, ce don de la parole que Gall avait découvert en lui. La science du moins profite-t-elle autant qu'on aurait pu le croire de ces préoccupations pratiques ? Non, parce que l'industrie et la « technique » ont fait disparaître de son sein le désintéressement. Au reste, quand elle est seule, la science même devient une étroitesse pour l'esprit : elle l'habitue à n'estimer plus que ce qui relève de l'expérience et de la mesure ; elle émousse peu à peu le sens de l'invisible, de l'intangible, de l'incommensurable, en un mot de l'idéal. « Malgré tout l'éclat dont brille à présent la science allemande, dit en terminant Du Bois-Reymond, nous en sommes réduits à souhaiter chez la génération nouvelle un peu de ce noble zèle qui seul promet à l'esprit énergie et succès. » (Traduit par M. A. Gérard dans la Revue philosophique de janvier 1878 : les Tendances critiques en Allemagne.)

13.   L'un est relatif à la « catégorie de la causalité, » l'autre à celle de la finalité.

III. L'Égalité D'Après Les Ecoles Démocratique Et Aristocratique - La Théorie De M Renan. [1]

L'idée de l'égalité, tant de fois invoquée au siècle dernier et inscrite en tête de toutes nos constitutions, a eu de notre temps le même sort que l'idée de liberté : attaquée par les écoles aristocratiques, défendue par l'école démocratique, il semble qu'aujourd'hui encore elle manque pour tous de cette clarté qui résulte d'une déduction rigoureuse. L'examen critique de cette idée offre d'autant plus d'importance et d'intérêt qu'elle est parmi les plus populaires en France et répond à un des instincts les plus vivaces de notre nation.

Tous les observateurs sont d'accord pour attribuer aux Français l'amour de l'égalité ; quelques-uns même vont jusqu'à dire : la France n'a que l'amour de l'égalité, non celui de la liberté. C'est là une exagération et, quand on y regarde de plus près, une contradiction ; M. de Tocqueville n'y a pas tout à fait échappé lorsqu'il s'est plu à opposer systématiquement deux tendances en réalité inséparables. N'est-ce pas précisément parce que la France aime la liberté qu'elle aime l'égalité ? Qu'est-ce aux yeux des Français qu'une inégalité, sinon un privilège chez l'un et une servitude chez l'autre, conséquemment un manque de liberté ? L'inégalité leur semble une atteinte au droit commun, une distinction établie entre la personne humaine chez le noble ou le riche et la personne humaine chez le roturier ou le pauvre. Ne pas admettre au-dessus de soi des prérogatives, des passe-droits, des castes ou des dynasties privilégiées, c'est avoir le sentiment de la liberté humaine en soi comme respectable au même titre que chez les autres ; tel a toujours été l'instinct français. Les Jacques ne chantaient-ils pas déjà :

Nous sommes hommes comme ils sont,

Des membres comme nous ils ont ;

Tout autant souffrir nous pouvons,

Un aussi grand cœur nous avons.

Les législateurs de 89, en établissant l'égalité des droits pour tous, voulaient par cela même sauvegarder la liberté de tous [2].

L'inégalité, aux yeux des Français, ne choque pas moins la raison qu'elle ne choque la liberté ; aussi ne saurait-elle satisfaire leur esprit logique plus que leur instinct juridique. Les exceptions, les contradictions de la loi avec elle-même et les inégalités qui en résultent entre les citoyens, blessent nécessairement toute intelligence éprise de ce qui est général et « conforme aux principes. » Les Anglais et les Allemands n'éprouvent pas ce besoin. Ils s'arrangent de leurs lords ou de leurs hobereaux, ils ont conservé l'esprit de hiérarchie féodale. La France est le seul pays qui n'ait vraiment plus de noblesse. L'ouvrier anglais qui voit passer avec admiration le gentilhomme dans son carrosse, ou plutôt le carrosse renfermant le gentilhomme invisible, l'Allemand qui révère son seigneur et maître l'empereur, ainsi que tous ses autres seigneurs et maîtres, ont-ils le sentiment de la liberté humaine et du droit commun au même point que l'ouvrier français qui, à la vue d'un plus riche que lui, se dit simplement : « Un homme est l'égal d'un autre homme ? » Ont-ils le sentiment de l'indépendance et de la dignité personnelles autant que ce paysan-soldat de la révolution qui répondit à un émigré vantant ses ancêtres : — « Je suis un ancêtre ? » On a eu raison de le dire, la révolution, en proclamant l'égalité, n'a pas voulu détruire la vraie noblesse, mais la donner à trente-deux millions d'hommes.

Sans doute nous nous sommes plus d'une fois consolés trop aisément, dans l'égalité, des libertés absentes ; mais c'est que l'égalité suppose encore à nos yeux une certaine justice jusque dans l'injustice même, un certain droit commun jusque dans la violation du droit. Bien plus, là où les libertés extérieures et politiques font défaut, l'égalité devant la loi nous semble du moins la reconnaissance de la liberté et de la dignité humaines en principe, sinon en fait. Enfin les libertés extérieures sont des avantages plus individuels, des garanties plus personnelles, et on sait que le peuple français fait volontiers abstraction des personnes et des intérêts particuliers ; l'égalité satisfait ainsi l'esprit d'impersonnalité et d'impartialité : s'il faut porter un joug, au moins qu'il soit porté en commun, afin qu'il soit senti par tous, détesté par tous et, le jour venu, brisé par tous à la fois.

L'instinct de l'égalité, ayant de renouveler l'ordre civil et politique, s'est exprimé matériellement en France, dans l'ordre économique, par la division progressive des propriétés entre tous les citoyens, et ce mouvement a précédé 1789. Nos historiens récents l'ont fait

Alfred Fouillée

voir, la révolution trouva ce mouvement très avancé, et elle-même en sortit [3]. C'est que dans l'économie politique d'une nation comme dans tout le reste, la psychologie du caractère national se fait visible : l'instinct de liberté s'incarne dans celui de propriété, l'instinct d'égalité d'ans la division de plus en plus uniforme des propriétés. Si le paysan et l'ouvrier en France sont reconnus plus économes que dans les autres pays, plus attentifs à épargner pour l'avenir, plus désireux de fixer leurs épargnes dans quelque propriété mobilière ou. immobilière, si leur prévoyance contraste avec la prodigalité souvent aveugle des travailleurs anglais ou allemands [4], c'est qu'ils sentent que, dans la propriété, la liberté et le travail prennent corps, trouvent une garantie d'indépendance, se mettent à l'abri des coups du sort ou des empiétemens des hommes ; ils sentent aussi que, la liberté devant être égale, la propriété, qui en est la garantie extérieure, doit se faire elle-même de plus en plus égale entre tous. En outre, là où tous travaillent, tous doivent posséder, si le vrai fondement du droit de propriété est le travail, comme le peuple français a toujours été porté à le croire et comme l'a affirmé la révolution. Ici encore les esprits des nations manifestent leur divergence : on a remarqué avec raison que, dans les cas douteux et les contestations de propriété, la France a généralement adjugé la terre à celui qui travaillait la terre et mis le droit de son côté ; l'Angleterre, au contraire, a prononcé pour le seigneur, chassé le paysan, si bien qu'elle n'est plus cultivée que par des ouvriers. Michelet voyait là, avec toute l'école démocratique, un des caractères moraux et humains de notre révolution : l'homme, la liberté de l'homme et le travail de l'homme ont paru aux réformateurs de 89 d'un prix inestimable et qu'on ne pouvait mettre en balance avec celui du fonds ; en France, l'homme a donc emporté la terre, et en Angleterre la terre a emporté l'homme. « Grave différence morale. Que la propriété soit grande ou petite, elle relève le cœur ; tel ne se serait « point respecté pour lui-même qui se respecte et s'estime pour sa « propriété. » L'égalité progressive des fortunes n'est elle-même que le partage du respect entre tous et l'expression matérielle de l'égalité des droits. — En Allemagne comme en Angleterre, la propriété et la terre ont conservé un caractère mystique et féodal, au lieu d'être considérées comme faites par l'homme et créées par le travail ; aussi le droit divin et le droit de conquête par les armes, deux formes de privilège aristocratique, subsistent encore là-bas au fond de la législation comme au fond de l'esprit populaire. Seule, notre économie sociale est démocratique par essence.

Le caractère féodal et l'esprit d'inégalité ne sont pas moins vivaces dans la famille anglaise ou allemande, où le mari est vraiment un lord, un suzerain. En Angleterre, la personne de la femme disparaît entièrement dans le mariage : elle ne jouit d'aucune propriété personnelle, elle n'a aucun pouvoir sur ses enfants, elle ne peut tester sans le consentement de son mari ; le mari, par son testament, peut enlever la tutelle des enfants à la mère, qui n'a sur eux aucun droit personnel. Le chef de famille tient donc la femme sous sa sujétion, administrant et parfois ruinant la fortune sans même rendre compte de ce qu'il fait. Entre les enfants et le père, même rapport de seigneurie, sans cette intimité familière, sans cette volontaire égalité dans l'affection qui, chez nous, n'exclut pas le respect. Enfin l'inégalité subsiste dans les rapports des frères entre eux, des aînés et des plus jeunes : c'est une hiérarchie de commandement et d'obéissance. En Allemagne, le père n'est pas moins suzerain : femmes et enfants sont de véritables vassaux. — Dans la famille française comme dans l'état français, l'égalité tend à s'accroître avec la liberté même, entraînant à sa suite ses inconvénients et aussi ses habituels avantages, diminuant l'autorité du père, mais élevant de bonne heure les intelligences de la mère et des enfants à un niveau supérieur, unissant les cœurs de tous par un lien plans tendre et plus librement accepté. De là en France, au sein de la famille, une idée plus développée des « droits de la femme, » des droits des enfants, en même temps qu'un sentiment de fraternité et d'amitié envahissante qui tend à faire du père pour les enfants comme un frère plus respecté et de la mère comme une sœur plus aimée. En un mot, tandis que la famille, chez les autres peuples, conserve le type aristocratique, la famille française tend à devenir républicaine.

Ainsi dans la famille comme dans l'état, dans le domaine économique comme dans l'ordre civil et politique, la liberté et l'égalité ont toujours paru inséparables à l'esprit français. Mais, si la France a maintenu ces deux termes en une indissoluble union, elle a considéré comme non moins important de n'en point intervertir l'ordre rationnel. Les Américains, dans leur énumération des

Alfred Fouillée

droits, avaient mis en premier lieu l'égalité ; Robespierre fit inscrire aussi l'égalité au premier rang : on sait quel est l'ordre qui finit par prévaloir. Le droit ne consiste pas, aux yeux des Français, à vouloir niveler toutes choses, mais à égaliser les libertés. Deux hommes qui traînent un boulet d'égale pesanteur ne sont pas pour cela deux hommes libres. L'égalité sous un maître, telle que voudrait la réaliser le césarisme, n'est qu'une trompeuse apparence ; rien de plus capricieux et de plus inégal que la volonté d'un despote : il accorde une faveur à l'un et la refuse à l'autre ; il punit celui-ci et laisse l'impunité à celui-là. Il n'y a pas d'égalité possible dans l'arbitraire de la servitude ; c'est donc, selon la philosophie française, l'égalité dans la liberté, et non dans l'esclavage, qui constitue le droit.

Cette idée presque nationale de l'égalité, que la philosophie du XVIIIe siècle avait fini par croire indiscutable, n'en est pas moins devenue au XIXe siècle l'objet de nombreuses critiques, et ces critiques semblent en partie motivées. Déjà les saint-simoniens et Auguste Comte l'avaient rejetée comme une erreur. Le positivisme voulut « organiser » la société par la « science ; » pour cela, au lieu de proclamer une fausse égalité entre les ignorants et les savants, entre les masses et les esprits supérieurs, il crut nécessaire de confier l'autorité la plus haute et le droit de gouverner à un corps de savants officiels, chargés de réglementer la science même : théocratie de savants, sorte de sophocratie dont nous retrouverons plus loin le tableau dans les *Dialogues philosophiques* de M. Renan. L'influence des théories allemandes n'a fait qu'accroître le mouvement de réaction contre l'idée d'égalité : on le sait, Hegel, Mommsen, Strauss, M. de Sybel, soutiennent, à des points de vue divers, le droit des supériorités et la « souveraineté du but ; » Strauss déclare que l'histoire continuera d'être comme par le passé « une bonne aristocrate. » C'est surtout dans l'expérience, non pas seulement dans les spéculations métaphysiques ou théologiques, que la doctrine de l'inégalité cherche de nos jours son principal point d'appui : elle invoque en sa faveur les récentes découvertes de l'histoire naturelle, les idées germaniques sur la différence des races, les idées darwiniennes sur la sélection naturelle et sur l'hérédité. De leur côté les partisans de l'égalité s'efforcent aussi d'invoquer les faits : la doctrine classique du spiritualisme fonde l'égalité humaine sur le « fait » de l'égalité du libre arbitre chez tous les hommes ;

on se rappelle ce que disait Victor Cousin à ce sujet : « La liberté seule est égale à elle-même ; il n'est pas possible de concevoir de différence entre le libre arbitre d'un homme et le libre arbitre d'un autre. » Mais c'est principalement sur l'idée du droit que les écoles démocratiques s'appuient pour justifier l'égalité : Proudhon, M. Renouvier, M. Littré, la déduisent par des raisonnements divers du principe même de la justice.

En présence d'une telle diversité d'opinions, il nous semble né-cessaire de soumettre à un nouvel examen cette sorte de dogme de l'égalité humaine dont l'instinct français et la philosophie fran-çaise avaient fait une des bases du droit nouveau et de la politique nouvelle. Recherchons d'abord quelle est, ici encore, la part du fait et celle du droit, la part de la réalité et celle de l'idéal, et voyons si l'école démocratique les a suffisamment distinguées. Nous exami-nerons ensuite les objections des écoles aristocratiques qui veulent fonder l'inégalité sur a la primauté de l'idée, » sur les « droits de la vérité, de la vertu, de la science, » en d'autres termes sur la préro-gative des supériorités intellectuelles ou morales.

I

L'égalité humaine est-elle un fait, comme le soutient d'ordinaire l'école démocratique ? existe-t-il réellement entre les hommes une égalité établie par la nature, que la société doit se borner à sauve-garder ? — « La nature, dit la Déclaration des droits de l'homme tant de fois invoquée par les écoles démocratiques, la nature a fait les hommes libres et égaux en droits. » — « Les hommes, répète la Constitution du 6 septembre 1791, les hommes naissent et de-meurent libres et égaux en droits. » — N'est-ce point faire trop d'honneur à la nature ? Ne nous a-t-elle pas créés esclaves plu-tôt que libres, et ne naissons-nous pas inégaux ? Par une illusion commune à tout le XVIIIe siècle sur le prétendu état de nature, on a confondu ici le but à atteindre avec le point de départ, l'ave-nir avec le présent, l'idéal avec la réalité ; nous ne naissons pas libres et égaux, nous naissons pour être libres et égaux. Que la li-berté et l'égalité soient conformes à la vraie nature de l'homme, cela est incontestable pour celui qui admet, avec Aristote, que la véritable nature d'un être est dans la fin supérieure à laquelle il as-

Alfred Fouillée

pire, non dans son actuelle imperfection ; que la nature d'un chêne, par exemple, est d'atteindre la plénitude de son développement et de se dresser vers le ciel, que la nature d'un animal est de réaliser toute la beauté de son espèce, que la nature d'un homme est d'être une intelligence toute lumineuse et une volonté toute active. Mais, si la liberté et l'égalité sont la fin de la nature, elles ne sont pas l'état de nature. — On a voulu soutenir qu'il y a du moins une chose égale chez tous les hommes : la liberté morale ; mais s'agit-il de cette liberté encore incomplète et de toutes parts entravée que vous possédez et que je possède ? Nous ne sommes pas plus égaux sous ce rapport que sous les autres. L'école éclectique affirme vainement que le libre arbitre de l'un est identique au libre arbitre de l'autre ; tel homme est un enfant par rapport à un autre homme, et l'homme d'aujourd'hui est un enfant par rapport à l'homme de demain ; soutiendra-t-on donc que le libre arbitre de l'enfant est égal à celui de l'homme ? Innombrables sont les degrés de la responsabilité et conséquemment de la liberté. Nous ne voulons pas seulement parler de l'usage différent que les hommes font de leur liberté, mais de la différence qui existe dans la puissance même de vouloir, dans la puissance sur soi. Nos libertés ne seraient égales que si elles étaient absolues et complètes ; mais en fait la pleine liberté du vouloir n'existe ni chez vous ni chez moi ; cette liberté, nous l'avons vu, est pour nous une pure idée dont nos actions se rapprochent plus ou moins, une *limite* à laquelle tendent ces *variables*. Si donc on peut admettre que nos libertés sont égales dans leur virtualité et dans leur idéale perfection, elles sont à coup sûr inégales dans leur actualité et dans leur réelle imperfection. L'idée même de liberté, dont nous avons essayé de montrer l'influence libératrice [5], peut être chez moi faible et sans efficacité, tandis que chez vous elle créera par son énergie un pouvoir énergique et fort. Ce n'est donc pas seulement sous le rapport de la force physique, de la beauté physique, de la sensibilité, de l'intelligence, de la moralité, que les hommes sont inégaux ; ils le sont dans l'usage de leur liberté et dans le degré de cette liberté. A tous les points de vue, Leibniz avait raison de dire qu'il n'y a pas deux êtres semblables dans la nature, pas même deux gouttes d'eau, mondes peuplés d'animalcules divers et différens en nombre. L'égalité humaine n'est point un fait ; elle est plutôt en opposition avec les faits.

III. L'Égalité D'Après Les Ecoles Démocratique Et Aristocratique

D'où vient donc que des êtres réellement inégaux sous tous les rapports tiennent tant à cette idée d'égalité et veulent la voir réalisée, au moins entre leurs libertés ? De ce que votre liberté est infiniment précieuse pour vous, comme la mienne l'est pour moi, comment conclure que votre liberté est aussi infiniment précieuse et inviolable pour moi, la mienne pour vous ? C'est là le passage difficile, c'est là l'intervalle que nous devons essayer de franchir pour constituer entre nous, malgré toutes les inégalités de fait, une égalité de droit.

Pour franchir ce passage, l'école démocratique fait ordinairement appel à un acte de raison qui nous est familier. Selon M. Renouvier, par exemple, la raison, faisant abstraction des personnes, déclare la liberté de l'un égale à celle de l'autre ; or, deux choses égales peuvent être substituées l'une à l'autre : votre liberté peut donc être substituée à la mienne. Elle acquiert ainsi à mes yeux la même valeur que la mienne propre, et ainsi s'établit entre nous, du point de vue de la raison, un rapport de réciprocité. Selon M. Littré, ce rapport est de même nature que l'identité logique : A = A. Proudhon dit à son tour, en termes platoniciens et spinosistes : — « Les hommes, que séparent leurs différences, peuvent se considérer comme des copies les uns des autres, se rapportant, par l'essence qui leur est commune, à une existence unique. »

Mais tout cela suffit-il ? Non, parce que, si nos libertés paraissent égales à un point de vue général et abstrait, elles ne sont pas égales en fait, et surtout il y a entre elles cette distinction capitale que votre liberté n'est pas la mienne et que la mienne n'est pas la vôtre, que je suis moi et non pas vous. Vous aurez beau accumuler les abstractions, quand je reviendrai à la réalité, je me retrouverai toujours là, différent de vous, et à tous vos raisonnements sur l'égalité, j'opposerai un seul mot, mais décisif : *moi*.

Pour que l'égalité soit acceptée comme type de conduite par des individus réellement inégaux, il faut que, par un moyen ou par l'autre, le *moi* disparaisse, il faut qu'il soit éliminé, comme dans une équation on élimine une donnée qui la rend insoluble. Or, aucun raisonnement abstrait, aucun artifice de logique rationaliste, ne saurait faire disparaître cette suprême différence qui porte sur le vif, cette suprême inégalité qui constitue notre individualité même.

Alfred Fouillée

Selon nous, l'égalité n'est à l'origine qu'un idéal de la pensée ; elle se déduit de l'union qui doit exister entre nos libertés pour que celles-ci soient aussi grandes qu'il est possible. J'ai l'idée de ma liberté comme puissance de développement sans limites, j'ai l'idée de la vôtre comme puissance semblable de développement ; à l'infini, dans leur idéal, je conçois nos deux libertés comme devant être égales, car deux libertés qui se veulent réciproquement ont plus d'extension et pour ainsi dire d'infinité que deux libertés qui se repoussent et s'isolent ; rester enfermé dans le moi en excluant autrui, ce serait montrer qu'on n'est point encore assez libre intérieurement, assez affranchi de tout égoïsme et de toute nécessité inférieure pour sortir de son individualité, pour se déprendre de soi-même, pour se désintéresser des intérêts matériels dont le conflit s'oppose à l'union des volontés. Si tel est le plus haut idéal, il en résulte cette conséquence, que, pour vouloir en sa plénitude et en sa perfection ma propre liberté, je dois vouloir aussi la vôtre, et de plus je dois la vouloir égale à la mienne : aucune inégalité venant de mon fait ne doit entraver votre développement. C'est là pour moi-même une condition de désintéressement et d'affranchissement moral. Il n'y a donc plus seulement identité abstraite entre ma liberté et la vôtre : la vôtre est devenue la condition et le complément de la mienne ; au fond, vouloir votre liberté, c'est encore vouloir la mienne.

Tel est en quelques mots le principe sur lequel l'égalité nous paraît reposer. On le voit, nous reconnaissons avec les adversaires de l'égalité que celle-ci est une simple conception de la pensée ; mais nous ajoutons que cette idée est elle-même un fait et un fait directeur, une force, une réalité en ce sens, qui existe d'abord dans la pensée de l'homme, de là passe dans le désir, de là enfin, quand elle est assez claire et assez intense, passe dans les actions et se réalise elle-même. En un mot, c'est une de ces idées directrices dont nous avons récemment indiqué le rôle et qui, dans l'ordre social, marquent le droit. Droit et direction sont termes de même famille : en mathématiques, on dit que la ligne droite est le plus court chemin vers un point ; dans la science sociale, on peut dire que le droit est la direction normale vers le but le plus élevé. Vainement on oppose l'inégalité naturelle à cette idéale égalité : c'est celle-ci et non celle-là qui doit fournir à la conduite sa règle et sa loi. Quand un ouvrier veut construire les roues d'une machine, les construit-il sur ce principe que les rayons d'un cercle sont inégaux ? Non, et pourtant ils seront inégaux dans, sa roue. Deux libertés raisonnables, dès qu'elles s'affranchissent des besoins égoïstes, tendent spontanément à former une société entre égaux et pour ainsi dire une république à deux.

Que va devenir la notion de l'égalité, si nous passons du monde moral au monde matériel, où les hommes se trouvent en rivalité et souvent en conflit l'un avec l'autre ?

Toute volonté humaine ne peut agir que dans l'espace et dans le temps ; elle a besoin d'organes et d'instruments. La valeur idéale que nous attachons à l'égalité des libertés intérieures s'attache donc aussi aux libertés extérieures, indispensable milieu où la volonté se développe, atmosphère sans laquelle elle ne saurait vivre. Si on retirait à un homme l'air qu'il respire sans toucher à son corps, pourrait-on dire qu'on ne l'a pas tué sous prétexte qu'on ne l'a pas touché ? De même, prétendra-t-on avec les théologiens du moyen âge qu'en enlevant aux hommes la liberté de la parole, du mouvement, de l'action, de l'association, du culte, on ne porte nullement atteinte à l'égalité intérieure de leurs libertés ? Ce serait imiter le sophisme des Orientaux qui, lorsque le Coran défend de verser le sang d'un homme, l'étouffent, ou des inquisiteurs, qui chargeaient le bras séculier de brûler l'hérétique *sine sanguinis effusione*. Nous avons vu de nos jours reproduire les mêmes sophismes : à en croire M. de Bonald, on perd son temps à réclamer ce qu'on a déjà, l'égale liberté pour tous de vouloir et de penser, la liberté de conscience : « Il est, dit-il, un peu plus absurde de réclamer pour l'esprit la liberté de penser que de réclamer pour le sang la liberté de circuler dans les veines [6]. » Comme si on ne pouvait pas empêcher le sang de circuler dans les veines en lui retirant sa nourriture ! M. de Bonald, qui déclare la liberté de penser invincible, ne l'élève si haut dans la théorie que pour mieux la supprimer dans la pratique. Si la liberté de la conscience ne peut être détruite entièrement, elle peut être indéfiniment amoindrie, non-seulement dans ses manifestations extérieures qui en sont comme les symboles, mais jusque, dans sa vie intérieure ; elle ressemble à ces forces de la nature qui, elles aussi, sont indestructibles, mais qui sont tout ensemble indéfiniment expansibles quand on les laisse en liberté, et indéfiniment compressibles quand on les resserre, à l'aide d'une force supérieure, en une prison de plus en plus étroite.

Pour celui qui a fait sincèrement des idées de liberté et d'égalité le principe régulateur de sa conduite, tout produit et tout instrument de la liberté, fût-ce un simple symbole, participera à l'inviolabilité de la liberté même. On viole donc l'égalité des droits toutes les fois qu'on agit de manière à ne pas laisser aux autres l'indépendance la plus grande et la plus égale pour tous.

Comme la liberté d'action ne peut être illimitée sur une terre où l'un gêne nécessairement l'autre, il faut que chacun s'impose, dans son action au dehors, les limites nécessaires à l'égale liberté d'autrui. Une idée nouvelle est donc introduite dans la question du droit lorsqu'on passe de l'égalité intérieure à l'égalité extérieure : c'est l'idée de limite ; le droit appliqué nous apparaît comme une limitation réciproque des libertés.

Maintenant, quels caractères devra offrir cette limitation ? — En premier lieu, le droit consistant dans la plus grande liberté possible, la restriction mutuelle des libertés dans l'application devra être aussi minime que possible. En second lieu, pour être aussi minime que possible, cette restriction devra être absolument réciproque et égale pour tous. Les abeilles dans leur ruche ont résolu avec une sagesse instinctive un problème analogue à celui du droit appliqué. Il s'agissait d'assurer à chaque abeille une cellule aussi grande que possible et aussi égale que possible à celles des autres abeilles. C'était un problème de géométrie à résoudre, et la difficulté était de perdre le moins de terrain possible en barrières et en murailles de cire. On sait comment les abeilles ont résolu le problème. La seule forme qui permît aux cellules égales de s'appliquer l'une contre l'autre sans aucun intervalle inutile et sans aucune perte de terrain, c'était la forme de l'hexagone. Soit par instinct, soit plutôt par un mécanisme naturel, les abeilles ont donné à leurs cellules la forme hexagonale. La société humaine est comme cette ruche : il faut laisser aux libertés comme aux abeilles l'espace le plus grand et le plus égal possible et perdre en barrières ou en murs le moins de terrain qu'il se peut. Toutes les entraves inutiles à la liberté, toutes les lois oppressives, tous les règlements et privilèges tyranniques sont des restrictions sans profit qui laissent de l'espace sans emploi, qui introduisent des vides de toute sorte entre le domaine de l'un et le domaine de l'autre. La mauvaise jurisprudence est comme de la mauvaise géométrie ou de l'architecture maladroite. S'il faut des barrières, faites-les du moins aussi peu nombreuses qu'il est possible et faites-les égales pour tous ; puis, une fois que vos lois auront ainsi réglé l'espace réservé à chacun, laissez les libertés agir par elles-mêmes, chacune à sa manière, tant qu'elles n'empiéteront pas l'une sur l'autre, laissez-les prendre leur essor, comme les abeilles, dans l'air et dans la lumière.

II

Examinons maintenant les objections que les écoles aristocratiques font à l'égalité, soit au nom de la morale et de la religion, soit au nom de la science. La persistance des théories autoritaires et prétendues conservatrices, toujours prêtes à se traduire en actes dans la politique et à tout bouleverser par la ruse ou par la force, prouve combien il importe de soumettre à l'analyse leurs principes fondamentaux. Parlons d'abord plus spécialement de l'école théocratique, à laquelle d'ailleurs nos hétérodoxes contemporains font volontairement ou involontairement de nombreux emprunts. — Vous voulez égaliser la vérité et l'erreur, la vertu et le vice, répètent beaucoup d'esprits encore imbus des idées du moyen âge, mais la vérité seule a des droits et l'erreur n'en a pas, la vertu seule a des droits, le vice n'en a pas. La seule liberté qu'on puisse reconnaître et accorder à tous les hommes, c'est ce que les catholiques appellent « la liberté du bien. » Or, si la volonté peut réaliser le bien, elle peut aussi faire le mal : c'est l'arbre du bien et du mal dont parle la Bible ; comment donc la mauvaise volonté aurait-elle des droits égaux à ceux de la bonne volonté ?

Prétendre ainsi que la vérité et la vertu ont seules des droits, c'est prononcer en termes abstraits de vagues sentences qui veulent tout dire et ne veulent rien dire. La vérité considérée en elle-même est une abstraction, et de même pour le bien ; ce sont là des choses impersonnelles qui ne se réalisent que dans l'intelligence et la volonté des personnes. Or, chaque personne croit avoir pour soi la vérité et la raison ; comment choisir entre ces prétentions opposées ? Dans la moindre des assemblées, chacun se dit le plus sage, il en est de même dans la grande assemblée du genre humain.

Alfred Fouillée

Beaucoup pensent tout bas ce qu'un naïf disait un jour tout haut devant Franklin : « Ce qui m'étonne, c'est qu'il n'y ait jamais que moi qui aie raison. » La maxime qui identifie le droit et la sagesse revient donc à celle-ci : « Ceux qui se croient dans la vérité ont des droits, les autres n'en ont pas ; » manière détournée de dire : « J'ai tous les droits, et vous n'en avez aucun. » Dans la pratique, ce conflit d'opinions ne pourra se résoudre que de deux manières, par la force ou par l'égalité des libertés. Admettez-vous la première solution ? La force peut être l'ignorance, l'erreur, le vice aussi bien et plus souvent que la vérité et la vertu. Admettez-vous la solution par la liberté, le seul droit que vous puissiez avoir sera le droit d'exprimer librement votre opinion pour vous mettre d'accord avec les autres. Vouloir imposer la vérité du dehors est chose impossible : ce fut le rêve irréalisable de toutes les théocraties, auquel le catholicisme n'a pas encore renoncé de nos jours. L'histoire nous apprend que la conséquence effective de cette doctrine est un despotisme qui, loin de favoriser les progrès de la moralité, de la science, de la religion même, les arrête au contraire. Le système théocratique est toujours allé contre son but : pour soutenir les intérêts de la vérité, il a toujours rendu l'erreur immobile sous le nom d'infaillibilité, comme ces politiques qui substituent le faux au vrai sous le nom de vérité officielle ; pour soutenir les intérêts de la vertu, il a toujours sacrifié la moralité véritable à la violence et à l'égoïsme des prétendus « meilleurs. »

il ne faut pas craindre de le dire, contrairement aux assertions des théologiens, l'erreur même et le vice ont des droits, et des droits civilement ou politiquement égaux à ceux d'autrui : au point de vue purement social et juridique, nous avons le droit de nous tromper et de déraisonner comme de raisonner, nous avons le droit de faillir comme de bien agir ; pour tout dire en un mot, la mauvaise volonté même n'est pas exclue de l'égalité des droits. Au reste, la mauvaise volonté n'est jamais telle que relativement ; une volonté absolument mauvaise, s'il en pouvait exister, serait celle qui trouverait son suprême bien dans le suprême mal ; or on n'aime pas le mai pour le mal, et le vice consiste seulement, comme disait Socrate, « à renverser l'ordre des biens. » Satan, cette volonté absolument mauvaise, comme Ahriman, ce dieu du mal absolu, est un fantôme de l'imagination, qui, dès que la pensée veut le saisir,

III. L'Égalité D'Après Les Ecoles Démocratique Et Aristocratique s'évanouit. En tout cas, Satan n'est point sur la terre, et ce n'est pas pour lui que sont faites nos législations ; mais, fût-il présent parmi nous, il participerait lui-même à l'égalité des droits communs tant qu'il ne violerait point nos libertés propres, et sa volonté mauvaise, aussi longtemps qu'elle se renfermerait en soi sans attenter à autrui, conserverait encore son inviolabilité extérieure. Pour revenir à l'homme, la mauvaise volonté d'aujourd'hui peut être et sera sans doute la bonne volonté de demain ; nous ne pouvons donc en la concevant la concevoir comme définitivement et éternellement mauvaise, nous ne pouvons la damner dans notre pensée ni lui faire en notre cœur comme un enfer sans espérance. Elle demeure toujours, en tant que volonté, sacrée pour nous à l'égal des autres, et ses injustices extérieures tombent seules sous notre droit de légitime défense, comme y tomberaient elles-mêmes les injustices commises par une bonne volonté. Si l'inquisiteur qui vous coupe la langue et vous brûle agit pour votre bien et par bonne intention, acquiert-il des droits plus réels parce que sa volonté est bonne au lieu d'être mauvaise ? Tout ce qui est injuste est immoral, mais tout ce qui est immoral n'est pas injuste : vérité élémentaire que nos législateurs et nos politiques oublient cependant à chaque instant. Ne puis-je pas manquer à ce que vous nommez les devoirs envers Dieu, aux devoirs envers moi-même, aux devoirs de pure charité envers autrui, sans manquer pour cela aux règles strictes de la justice égale pour tous et également exigible chez tous ? ne puis-je pas être en dehors de mon devoir, surtout de mon devoir religieux, sans être en dehors de mon droit et sans blesser votre droit égal au mien ? Comment se fait-il que nos codes renferment encore soit des privilèges, soit des prescriptions fondées sur de simples croyances religieuses ou morales, telles que celles qui concernent l'observation du dimanche, l'indissolubilité du mariage, l'inscription religieuse imposée même aux libres penseurs, et d'autres encore ?

Au point de vue du droit pur, la liberté extérieure est respectable tant qu'elle ne supprime pas l'égale liberté d'autrui, et la liberté intérieure est absolument respectable, sans condition et sans réserve : telle est la conclusion générale à laquelle on aboutit quand on a examiné les systèmes qui veulent rabaisser la liberté au rang d'un simple moyen pour ériger en une fin absolue leur idée du vrai, leur

Alfred Fouillée

idée du juste, leur idée de la religion, en un mot leur conception du bien. La souveraineté du but est la négation du droit. La défiance des systèmes théocratiques à l'égard de l'égalité vient de ce rôle secondaire qu'ils prêtent à la liberté. La liberté, dans l'échelle des moyens et des fins, doit occuper le degré suprême : elle a sa valeur en soi. Un remède n'est qu'un moyen en vue de la santé et il peut être aussi un poison. Il emprunte donc toute sa valeur au résultat ; il ne subsiste pas dans la santé même, et au contraire doit disparaître dans la santé. Telle n'est pas la liberté dans son rapport avec le bien ; elle est à la fois à elle-même son moyen et sa fin : elle est moyen quand on la considère comme déjà commencée et en voie de développement, elle est fin quand on la considère comme développée et dans son achèvement idéal. La liberté encore imparfaite en nous ressemble à la flamme dont on se sert pour allumer un foyer de chaleur et de lumière : ce qu'on veut produire au moyen de cette flamme, ce n'est pas quelque chose qui en diffère réellement ; c'est une flamme plus grande dans laquelle l'autre subsistera tout entière ; de même ce que nous devons produire par le moyen de la liberté, ce n'est pas une chose qui soit différente d'elle-même, c'est une liberté plus grande, plus égale, plus universelle, c'est une liberté qui vivifie tout le monde moral et social.

La distance n'est point aussi grande qu'on pourrait le croire entre la théocratie et l'aristocratie des savants ; à part la substitution des théories scientifiques aux dogmes surnaturels, les procédés de gouvernement seraient les mêmes. Aussi M. Huxley appelait récemment le système politique d'Auguste Comte « un catholicisme sans le dogme [7]. » N'en pourrait-on dire autant de la doctrine si brillamment exposée par M. Renan dans ses *Dialogues philosophiques* et dans son *Caliban* !

On sait quelle inquiétude cause à ce haut esprit, si désintéressé et si sincère, le progrès de l'égalité démocratique. Déjà, pour réagir contre cette tendance, il avait exposé dans sa *Réforme intellectuelle et morale* une théorie politique dont le dernier mot est l'inégalité. Tous les individus sont nobles et sacrés, disait-il, tous les êtres (même les animaux) ont des droits ; mais tous les êtres ne sont pas égaux, tous sont les membres d'un vaste corps, les parties d'un immense organisme qui accomplit un travail divin. « La négation de ce travail divin est l'erreur où verse facilement la démocratie française. Considérant les jouissances de l'individu comme l'objet unique de la société, elle est amenée à méconnaître les droits de l'idée, la primauté de l'esprit. Ne comprenant pas d'ailleurs l'inégalité des races, la France est amenée à concevoir comme la perfection sociale une sorte de médiocrité universelle... » Au début d'une plus récente publication, les *Mélanges d'histoire*, dans une de ces préfaces où il aime à mêler des prédications toujours utiles et des prédictions toujours un peu hasardeuses, M. Renan constate avec quelque regret que la France, que l'Europe même n'a pas suivi et ne suivra pas la voie par lui indiquée : « Il est probable que tous les pays viendront, chacun à leur tour, à l'état où nous sommes. Le monde est entraîné par un penchant irrésistible vers l'américanisme, vers le règne de ce que tous comprennent et apprécient. » Dans *Caliban*, M. Renan constate la même tendance. Entre l'inégalité reposant sur des privilèges et une égalité d'affaissement, de « mollesse », « d'égoïsme », M. Renan semble ne voir aucun milieu. C'est surtout dans ses *Dialogues philosophiques*, ce livre aux fuyantes perspectives, souvent si profond et toujours si suggestif, que M. Renan a développé sa thèse favorite. Là, il l'appuie sur tout un système de métaphysique et de théologie, qui a pour conclusion le gouvernement du monde par la raison, c'est-à-dire par les savants. « L'élite des êtres intelligents, dit-il, maîtresse des plus importants secrets de la réalité, dominerait le monde par les plus puissants moyens d'action qui seraient en son pouvoir. » Quel est le peuple qui semble prédestiné à l'accomplissement de ce grand œuvre ? La France ou l'Allemagne ? — « La France incline toujours aux solutions libérales et démocratiques, c'est là sa gloire ; le bonheur des hommes et la liberté, voilà son idéal. Si le dernier mot des choses est que les individus jouissent paisiblement de leur petite destinée finie, ce qui est possible après tout, c'est la France libérale qui aura eu raison ; mais ce n'est pas ce pays qui atteindra jamais la grande harmonie, oui si l'on veut, le grand asservissement de conscience dont nous parlons. Au contraire, le gouvernement du monde par la raison, s'il doit avoir lieu, paraît mieux approprié au génie de l'Allemagne, qui montre peu de souci de l'égalité et même de la dignité des individus, et qui a pour but avant tout l'augmentation des forces intellectuelles de l'espèce. » Quoique ces mots à l'adresse de l'Allemagne ne soient pas sans quelque ironie, c'est en

Alfred Fouillée

définitive à l'Allemagne et à ses idées aristocratiques que M. Renan donne gain de cause, s'il en faut juger par l'ensemble de son système. La démocratie, en effet, lui semble en contradiction avec l'ordre de l'univers, avec la providence : « elle est l'antipode des voies de Dieu, Dieu n'ayant pas voulu que tous vécussent au même degré la vraie vie de l'esprit. » Les théologiens se représentent une providence supérieure au monde et agissant par le dehors ; M. Renan y substitue une providence intérieure, immanente, qui, par des voies cachées et un machiavélisme divin, assigne à chaque être sa place et à tous des rangs inégaux. Cette providence, sous un autre nom, est la « souveraineté de la raison, » et sa justice est la « hiérarchie de fer de la nature. » — « Dieu est la vaste conscience où tout se réfléchit et se répercute, chaque classe de la société est un rouage, un bras de levier dans cette immense machine. Voilà pourquoi chacune a ses vertus. Nous sommes tous des fonctions de l'univers ; le devoir consiste à ce que chacun remplisse bien sa fonction. Les vertus de là bourgeoisie ne doivent pas être celles de la noblesse ; ce qui fait un parfait gentilhomme serait un défaut chez un bourgeois. Les vertus de chacun sont déterminées par les besoins de la nature ; l'état où il n'y a pas de classes sociales est antiprovidentiel. » L'immoralité même et le vice ont leur utilité : ils sont dans l'ordre de la nature et de la providence. « L'immoralité transcendante de l'artiste est à sa façon moralité suprême, si elle sert à l'accomplissement de la particulière mission divine dont chacun est chargé ici-bas [8]. » Cette sorte de justice distributive qui est la loi de l'univers doit se retrouver dans la société humaine : le sacrifice des uns sert à l'élévation des autres et au progrès final de « l'idée. » — « La nature à tous les degrés a pour fin unique d'obtenir un résultat supérieur par le sacrifice d'individualités inférieures. Est-ce qu'un général, un chef d'état tient compte des pauvres gens qu'il fait tuer ?... Le monde n'est qu'une série de sacrifices humains ; on les adoucirait par la joie et la résignation. Les compagnons d'Alexandre... vécurent d'Alexandre, jouirent d'Alexandre. Les animaux qui servent à la nourriture de l'homme de génie ou de l'homme de bien, devraient être contents, s'ils savaient à quoi ils servent. *Tout dépend du but*, et, si un jour la vivisection sur une grande échelle était nécessaire pour découvrir les grands secrets de la nature vivante, j'imagine les êtres, dans l'extase du martyre volontaire, venant s'y offrir, couronnés de fleurs. Le meurtre inutile d'une mouche est un acte blâmable ; celui qui est sacrifié aux fins idéales n'a pas droit de se plaindre, et son sort, au regard de l'infini (GREC), est digne d'envie… C'est chose monstrueuse que le sacrifice d'un être vivant à l'égoïsme d'un autre ; mais le sacrifice d'un être vivant à une fin voulue par la nature est légitime… Le grand nombre doit penser et jouir par procuration… Quelques-uns vivent pour tous. Si on veut changer cet ordre, personne ne vivra. » On retrouverait une théorie analogue dans Joseph de Maistre, qui en fit le fond de sa doctrine du sacrifice. — La conséquence finale du système est, sous toutes les formes, la condamnation de l'égalité. « Les hommes ne sont pas égaux, les races ne sont pas égales. Le nègre, par exemple, est fait pour servir aux grandes choses voulues et conçues par le blanc. » Ce n'est pas à dire que le nègre n'ait point de droits ; mais les droits sont inégalement distribués selon l'inégalité même des êtres. « Le principe le plus nié par l'école démocratique est l'inégalité des races et la légitimité des droits que confère la supériorité de la race. » Le droit au contraire varie selon les êtres et se mesure à leur valeur réelle. « Il ne suit pas de là que cet abominable esclavage américain fût légitime. Non-seulement tout homme a des droits, mais tout être a des droits. Les dernières races humaines sont bien supérieures aux animaux ; or nous avons des devoirs même envers ceux-ci. » On voit que pour M. Renan le droit est le corrélatif de tout devoir, et le devoir se confond finalement pour lui, comme pour le christianisme, avec la bonté : « bonté universelle, amabilité envers tous les êtres, voilà la loi sûre et qui ne trompe pas,.. Ce n'est pas assez de ne pas faire du mal aux êtres ; il faut leur faire du bien, il faut les gâter, il faut les consoler des rudesses obligées de la nature. » C'est donc par pure bonté qu'il faut se dispenser de maltraiter le nègre, c'est par pitié pure qu'il faut le « gâter » et le « consoler, » non sans cette arrière-pensée qu'après tout la nature a raison dans ses rudesses et que tout est pour le mieux dans l'ordre divin des choses [9]. — C'est encore cette sorte de bonté un peu dédaigneuse que, dans une même race, les classes supérieures doivent aux classes inférieures. Le vrai droit du peuple, c'est le droit d'être aimé, gâté, consolé, parce que d'autres penseront et jouiront à sa place. « On peut aimer le peuple avec une philosophie aristocrate et ne pas

Alfred Fouillée

l'aimer en affichant des principes démocratiques. Au fond ce n'est pas la grande préoccupation de l'égalité qui crée la douceur et l'affabilité des mœurs. L'égalité jalouse produit au contraire quelque chose de rogue et de dur. La meilleure base de la bonté, c'est l'admission d'un ordre providentiel où tout a sa place et son rang, son utilité, sa nécessité même. » La notion de l'inégalité semble à M. Renan si fondamentale qu'il la maintient jusque dans sa Jérusalem céleste, je veux dire dans la « conscience divine, » formée du retentissement de toutes les consciences, où chaque être aura sa place proportionnée à sa valeur. « Alors l'éternelle inégalité des êtres sera scellée pour jamais. » Avec la personnalité en moins chez Dieu et chez les âmes, il est facile de reconnaître la cité divine des chrétiens.

Tel est le système à la fois théologique et social de M. Renan. Entre ce système et le christianisme, il n'y a point de différence essentielle ; ce sont les mêmes idées de justice distributive et de prédestination, de hiérarchie providentielle, d'inégalité providentielle entre les individus et entre les classes, de résignation chez les uns, de bonté chez les autres, de sacrifice et de compensation, la même substitution du principe d'amour au principe du droit. M. Renan finit par dire lui-même : « C'est bien à peu près ainsi que parlent les prêtres, mais les mots sont différents. » Il n'est point de hardiesse, point de paradoxe même devant lequel M. Renan ait reculé pour soutenir sa thèse favorite de l'inégalité : il a peut-être par là rendu service à la thèse opposée. Quand s'endort le sens commun, le paradoxe, comme la torpille à laquelle se comparait Socrate, le réveille d'une secousse ; ainsi fait M. Renan.

Nous ne suivrons pas le brillant auteur des *Dialogues* dans les considérations métaphysiques et théologiques sur lesquelles repose sa foi à l'inégalité. Les sciences sociales comme les sciences physiques doivent, selon nous, se garder des idées de causes finales et de providence, au nom desquelles on peut tout affirmer ou tout nier, tout admettre ou tout rejeter. Est-il une erreur scientifique que le moyen âge n'ait essayé de prouver par les causes finales ? est-il une injustice sociale qu'il n'ait justifiée au nom de la providence ? Les causes finales voulaient que le ciel fût fait pour la terre et la terre pour l'homme, par conséquent que le ciel tournât autour de la terre. Quant à la providence, elle est encore de nos jours en politique l'avocat officiel de toutes les causes bonnes ou mauvaises : les Napoléon, les Guillaume, les Alexandre et le sultan l'invoquent tour à tour. Remplacer les intentions de la providence par celles de la nature, c'est seulement changer le mot. La nature a-t-elle eu un but, par exemple, en faisant le nègre ? s'est-elle proposé une fin en faisant quoi que ce soit ? C'est ce que rendent de plus en plus douteux les découvertes de la science moderne sur le mécanisme universel : les buts existent dans l'intelligence, ils ne semblent pas exister dans les choses ; l'homme se propose un but, la nature ne paraît pas en avoir, tant que l'homme, ou tout autre être intelligent, dans sa sphère, né lui en donne pas un. En tout cas, c'est aux hommes eux-mêmes qu'il appartient de se donner un but : prétendre que les nègres sont faits pour nous servir, c'est poser le principe de l'esclavage et en assurer la justification. M. Renan a beau ensuite déclarer « abominable » l'esclavage américain, il ne peut, à l'exemple des théologiens, le condamner que comme excessif et cruel, non comme injuste en soi, que comme contraire à la bonté, non comme contraire au droit [10]. La notion moderne du droit, notion vraiment scientifique, repose précisément sur le rejet de toutes ces vues finalistes et providentielles, de tous ces systèmes artificiels où l'on subordonne les individus à une fin qu'on déclare la meilleure. Avoir un droit, c'est avoir la garantie qu'on ne fera pas de vous un *moyen*, c'est avoir un abri contre les « cause-finaliers » en politique, en métaphysique et en théologie. Bannies du reste de la science, les causes finales ne doivent pas trouver un refuge dans la science sociale et politique.

Revenons donc des causes finales aux considérations physiques et psychologiques, méthode plus sûre. A ce point de vue, on peut certainement montrer entre les hommes une foule d'inégalités actuelles ; mais, y en eût-il de fait encore davantage, l'égalité de droit ne serait pas atteinte en son principe théorique. Nous l'avons vu en effet, le droit repose moins sur l'état actuel que sur le développement possible des êtres, le droit a les yeux tournés vers l'avenir ; ce qu'il réserve, ce qu'il sauvegarde, c'est précisément la virtualité, la puissance de progrès [11]. La loi ne punit-elle pas le meurtre d'un enfant de deux ans comme celui d'un homme ? Cependant il aurait pu être incapable, infirme, plus nuisible qu'utile ; — oui, mais il aurait pu être un honnête citoyen ou même un génie. Le droit a pour but d'assurer le développement libre de toutes les intelligences et de toutes les volontés. — Après avoir posé ce principe général, suivons la doctrine aristocratique en ses applications : elle invoque tour à tour l'inégalité des races, celle des classes, celle des individus ; examinons si ces inégalités, en supposant qu'elles existent, suffisent à conférer des droits inégaux.

La théorie des races, mise en vogue par l'Allemagne, fournit aux écoles aristocratiques leur principal argument. L'exemple qu'on choisit toujours à l'appui comme le moins discutable est celui des nègres : a-t-il cependant toute la portée qu'on lui attribue ? Que le cerveau des nègres ne soit pas virtuellement égal à celui des blancs, que tout accès leur soit fermé dans l'avenir aux grandes notions scientifiques ou morales, que tout au moins ils ne puissent se diriger eux-mêmes dans l'ordre civil et politique, c'est ce qui n'est point encore démontré. Quand il s'agit des animaux, le doute sur ce point est impossible : nous savons la limite qu'ils ne peuvent dépasser comme nous pouvons calculer la hauteur maximum que peut atteindre une pierre lancée par une fronde. Les animaux ne parlent pas ; s'ils arrivaient un jour à parler, nous commencerions, malgré leur visage, à nous demander s'ils n'ont pas le droit de se conduire eux-mêmes [12]. Les nègres parlent, il en est même qui parlent latin et grec ; il est dans les écoles d'Amérique de jeunes négresses qui traduisent Thucydide et Platon. Un même idéal moral peut être conçu par la pensée des noirs et par celle des blancs. On sait ce que Montesquieu, avec cette généreuse ironie qui émut son siècle, disait des nègres : « Ils sont noirs depuis les pieds jusqu'à la tête et ils ont le nez si écrasé, qu'il est presque impossible de les plaindre ; » aujourd'hui on se demande s'il est certain que la peau noire et le nez écrasé soient incompatibles non-seulement avec l'intelligence, mais même avec le génie ? Déjà les nègres occupent en Amérique de hautes positions dans les affaires, dans la magistrature, dans la politique ; que dirions-nous s'il naissait demain parmi eux quelque grand poète, quelque grand artiste, quelque grand savant ? Sous ce rapport, et surtout en fait d'art, les Américains de race blanche ne sont pas eux-mêmes beaucoup plus avancés qu'eux. Attendons les noirs à l'œuvre, et ne leur fermons point l'espérance. Au reste, dussent-ils à la fin demeurer en arrière sous le rapport du génie, ce qui est fort possible, il n'est pas besoin de génie pour participer aux droits communs. Chacun trouve toujours un plus savant ou un plus sage que soi, et surtout des gens qui se croient plus savants ou plus sages : théoriquement l'égalité des droits civils et politiques est en dehors de ces appréciations ; pratiquement elle n'exclut pas certaines conditions de capacité et de majorité intellectuelle ou morale que les législateurs ne devraient jamais négliger, que les Américains ont peut-être trop négligées vis-à-vis des noirs ; mais en aucun cas le droit à l'égalité n'exige que tous les membres de la société soient des Newton ou des Leibniz.

L'inégalité du droit des races, qui conserve encore une apparence plausible quand il s'agit des noirs et des blancs, devient absolument insoutenable quand on la transporte, comme le font les partisans des théories allemandes, aux variétés d'une même race, Gaulois, Latins, Germains. Qui prétendra que, de par la providence ou la nature, le cerveau d'un Français soit virtuellement inégal à celui d'un Allemand, et que l'un soit aussi incapable de concevoir les hautes idées de l'autre que le quadrupède de voler comme l'oiseau ? Et quand ce serait vrai, *le droit* des races germaniques à nous conquérir serait-il établi ? C'est M. Renan lui-même qui, trouvant dans Strauss la théorie des races mise au service de la politique allemande, lui objecta que, si la France compte parmi elle des Germains, l'Allemagne compte aussi des Gaulois et des Huns, l'Angleterre des Bretons, des Irlandais, des Calédoniens, des Anglo-Saxons, des Danois, des Normands purs, des Normands français. Sous couleur de science, la théorie des races est une des moins scientifiques dans ses applications à l'ordre politique et social. Chaque peuple a ses traditions, ses instincts héréditaires, son caractère propre, ses aptitudes, soit : y a-t-il là un prétexte plus sérieux à l'inégalité des droits que dans la différence de caractères entre deux individus d'une même nation ?

Des remarques analogues s'appliquent à la prétendue inégalité entre les classes : « Des générations laborieuses d'hommes du peuple et de paysans font, dit M. Renan, l'existence du bourgeois honnête et économe, lequel fait à son tour le noble, l'homme dispensé du travail matériel, voué tout entier aux choses désintéressées [13]. » M. Renan sait bien qu'il n'est pas besoin d'être noble pour se vouer aux choses désintéressées. Combien de génies sortis des rangs du peuple ! Est-ce le peuple ou la noblesse qui a fait la science

Alfred Fouillée

moderne, qui a produit les Laplace, les Lagrange, les Lavoisier, les Monge, les Ampère ? On pourrait renverser la proposition de M. Renan et dire : le peuple, en apportant à la nation un sang plus jeune et plus riche, travaille à sauver la bourgeoisie et la noblesse de l'abâtardissement ; c'est lui qui renferme, avec la vraie force vive, la vraie et perpétuelle supériorité. Que deviendrait Paris lui-même sans la province ? Il s'éteindrait à la quatrième ou cinquième génération ; si donc les Parisiens réclamaient pour eux et leurs descendants le privilège d'habiter seuls la capitale, Paris serait bientôt un désert. C'est l'image de ce qui arrive aux classes murées dans leurs privilèges. L'humanité n'avance que grâce au mélange des races, des classes, des familles, conséquemment grâce à une certaine égalité qu'elle rétablit tôt ou tard en dépit de nos barrières artificielles. La science, l'art, la morale, sont comme l'air vital qui a sans cesse besoin d'être remué, chassé d'un lieu à l'autre, égalisé entre tous ; s'il était l'objet de privilèges et de monopoles, il deviendrait bientôt irrespirable : la science viciée des castes et des races, la morale et la politique viciées des classes finiraient par donner la mort, sans ces grandes tempêtes historiques qui balaient et renouvellent l'atmosphère des nations [14].

Après l'inégalité des races et des classes, l'école aristocratique invoque en sa faveur l'inégalité des individus, qu'elle déclare nécessaire à la « hiérarchie » sociale : les fonctions, les conditions, les capacités ne peuvent être égales chez tous les hommes, donc les droits ne peuvent être égaux. — Non, sans doute, les fonctions ne peuvent être égales ; mais l'école démocratique ne prétend point supprimer leur diversité : loin de là, l'égalité des citoyens dans l'état assure la répartition des fonctions mêmes selon les goûts et les aptitudes. La distribution aristocratique par voie de privilèges est artificielle et fausse, la distribution démocratique par voie de liberté est naturelle et vraie ; nos modernes aristocrates s'appuient sur un principe mystique et sacerdotal, celui de la « hiérarchie ; » l'école démocratique y substitue le seul principe scientifique et vraiment humain, celui que les économistes appellent la division du travail. Les frères sont égaux dans la maison, en partagent-ils moins entre eux les travaux nécessaires ? — Quant à la variété des conditions, elle n'a rien non plus d'incompatible avec l'identité des droits. Autre en effet est le droit, autre est l'usage ; de ce que nous avons les mêmes droits sur ce qui nous appartient, il n'en résulte pas que nous saurons en user de la même manière, ni que nous serons également servis par les circonstances. M. Renan pousse gratuitement la thèse démocratique à l'extrême en la faisant consister dans le nivellement de toutes les conditions sociales. « La bourgeoisie française, dit-il, s'est fait illusion en croyant, par son système de concours, d'écoles spéciales et d'avancement régulier, fonder une société juste : le peuple lui démontrera facilement que l'enfant pauvre est exclu de ces concours, et lui soutiendra que la justice ne sera complète que quand tous les Français seront placés en naissant dans des conditions identiques. » Le peuple n'a pas tout à fait tort de concevoir cet idéal, auquel tend effectivement le progrès de la société ; son seul tort serait de croire que la loi puisse le réaliser tout d'un coup et par voie d'autorité. Il ne dépend pas des lois que tous les hommes aient les mêmes ressources matérielles ou morales ; mais il dépend d'elles qu'ils aient tous le droit de mettre leurs ressources en usage ; l'état ne peut « placer tous les Français dans des conditions identiques de fortune, d'intelligence, de moralité ; » mais il peut et doit les placer dans des conditions identiques d'admissibilité aux fonctions, de droits communs et de lois communes : en un mot, il ne doit que l'égalité de justice, mais il la doit tout entière. La société serait-elle donc plus juste si, aux inégalités qui sont le fait de la nature, elle ajoutait encore d'autres inégalités artificielles, comme si, dans une balance où se comparent des objets inégaux, on ajoutait par avance des poids d'un côté et non de l'autre pour fausser la mesure ?

M. Renan reconnaît qu'entre les hommes la « seule distinction juste serait celle du mérite et de la vertu ; » mais il affirme, sans le prouver d'ailleurs, que cette distinction s'établit mieux sous le régime aristocratique que sous le régime démocratique, « dans une société où les rangs sont réglés par la naissance que dans une société où la richesse seule fait l'inégalité. » Nous ne pouvons admettre que les sociétés démocratiques soient celles où la richesse seule fait l'inégalité : en droit, rien de plus contraire au principe de la démocratie, et, en fait, rien de moins nécessaire qu'une telle conséquence. Est-ce toujours aux plus riches que la France confie les fonctions civiles ou politiques ? est-ce le plus riche qui est magistrat, juge, ingénieur, professeur, officier ? est-ce toujours le plus riche qui est représentant de la nation ? Lorsqu'en effet les riches sont élus, le sont-ils par un privilège de fortune ou par une volontaire confiance des citoyens ? La noblesse est une caste fermée par la loi, la richesse est ouverte à tous de par la loi : l'état me permet d'arriver à la fortune, il ne se charge pas de faire lui-même ma fortune. Qu'y a-t-il d'injuste en cette égalité de liberté, qui n'exclut d'ailleurs aucun progrès ? M. Renan répond : « Il n'est pas plus juste que tel individu naisse riche qu'il n'est juste que tel individu naisse avec une distinction sociale : l'un n'a pas plus que l'autre gagné son privilège par son travail personnel. » Mais au moins la richesse héréditaire, quand elle ne dépasse point certaines limites, n'est pas un *privilège* légal comme les distinctions et les charges héréditaires ; le père, en transmettant à son fils une fortune qu'il aurait eu le droit de dépenser de son vivant, ne lui transmet que ce qui lui appartient en propre, que ce qu'il aurait pu consommer lui-même pendant sa vie ; quand au contraire un magistrat d'autrefois transmettait à son fils une charge judiciaire, il lui transmettait un pouvoir sur les autres non consenti par les autres et non accessible aux autres : est-il permis d'assimiler deux choses aussi opposées et d'identifier la libre disposition de ce qui nous appartient avec la disposition de ce qui appartient à autrui ?

Pour justifier les privilèges de l'homme sur l'homme, M. Renan invoque le privilège de l'homme sur les animaux, qui est lui aussi un privilège de naissance et de condition. « La vie humaine deviendrait impossible, dit-il, si l'homme ne se donnait le droit de subordonner l'animal à ses besoins ; elle ne serait guère plus possible si l'on s'en tenait à cette conception abstraite qui fait envisager tous les hommes comme apportant en naissant un même droit à la fortune et aux rangs sociaux... L'utopiste le plus exalté trouve juste qu'après avoir supprimé en imagination toute inégalité entre les hommes, on admette le droit qu'a l'homme d'employer l'animal selon ses besoins. » Nous répondrons que cette induction de l'animal à l'homme est peu scientifique : on aurait beau décréter par un article de loi que les chevaux ou les chiens « sont admissibles aux emplois publics, » cette loi ne leur donnerait ni la raison ni la parole, *ratio et oratio*, et aucun animal ne se présenterait pour en requérir l'application à son bénéfice. M. Renan compare aussi aux animaux les femmes ; mais puisqu'il reconnaît que « la nature a créé là, au sein de l'espèce humaine, une différence de rôles indéniable, » en quoi l'égalité des libertés et des droits compromet-elle cette différence de fonctions entre les sexes, là où elle est effectivement indéniable ? D'excellents esprits, tels que Stuart Mill, considèrent les femmes comme destinées à sortir tôt ou tard de tutelle ; pour les droits civils, la thèse nous paraît démontrée ; pour les droits politiques, qui entraînent certaines conditions spéciales d'indépendance et de capacité, elle est actuellement contestable, surtout dans nos sociétés catholiques où la femme est sous la tutelle du prêtre. Sans entrer dans cette question, bornons-nous à rappeler encore que l'égalité des droits n'entraîne nullement comme conséquence dans l'ordre politique la suppression de certaines conditions de capacité. Il n'est pas besoin pour déterminer ces conditions de créer des castes nobiliaires.

Après avoir opposé à l'égalité des droits l'inégalité des fonctions et celle des situations sociales, l'école aristocratique lui oppose celle des intelligences. — Les intelligences ne peuvent être égales, dit-on ; l'égalité démocratique tend cependant à les niveler ; par cela même elle entrave l'essor des esprits supérieurs. — Il est vrai, répondrons-nous, les intelligences ne sont pas égales, mais personne ne peut le savoir qu'à l'essai, et l'essai doit être libre. L'enfant ne porte pas écrit sur son front en venant au monde le degré de capacité qu'il montrera par la suite ; on ne peut prévoir le développement de son intelligence comme on peut prévoir la couleur de ses cheveux ou de ses yeux. Quel jour a-t-on reconnu que M. Renan avait une intelligence supérieure ? Quand il a eu publié ses ouvrages, grâce à l'égalité même des libertés dont jouit la société moderne. Si, sous prétexte que les intelligences ne peuvent être égales ; vous enchaînez les uns pour laisser la liberté aux autres, vous risquez d'enchaîner précisément les capacités supérieures, et c'est vous qui aurez ainsi entravé leur essor. « La jalousie, principe de la démocratie, » dit M. Renan, empêche les grands esprits de s'élever, — comme si les jalousies de toute sorte n'étaient pas encore plus nombreuses et plus à craindre sous un régime de faveur, de privilège et de bon plaisir ! D'ailleurs le véritable esprit d'égalité démocratique provoque la libre émulation plutôt que la jalousie. Ce n'est pas étouffer les supériorités intellectuelles que de leur donner des rivaux : c'est au contraire les forcer à dépasser leurs rivaux et à se surpasser elles-mêmes. De plus, quand l'égalité civile et politique existe dans un pays et supprime entre les hommes les distinctions artificielles, l'émulation se reporte sur les distinctions naturelles de l'ordre intellectuel ou moral : elle s'exerce ainsi par le dedans, non plus par le dehors ; est-ce là un mal ? Si certains peuples démocratiques, comme les Américains, n'ont pas encore vu se produire chez eux l'essor du génie spéculatif, n'en accusons pas l'égalité civile et politique, mais les circonstances spéciales dans lesquelles s'est développée l'Union américaine. Les Américains, qui n'ont pas encore un siècle d'existence, ont eu d'abord à vivre. Plus tard, pour les choses élevées, ils n'ont pas eu parmi eux assez d'initiateurs, tandis que l'ancien monde avait pour initiateurs ses gloires passées. Il faut dans un peuple des génies qui donnent l'exemple et excitent l'émulation. Les génies ouvrent les routes, tout le monde y passe ensuite. Si on ne permettait qu'à une aristocratie de suivre la route, croit-on que ce serait le meilleur moyen pour faire découvrir des voies nouvelles et des régions inexplorées ?

La vertu singulière de provoquer le mérite et de favoriser la science, M. Renan l'attribue à la noblesse : il ne sépare jamais les nobles des savants dans le respect religieux qu'il demande au peuple pour ses supérieurs [15]. « Les partisans de l'égalité partent toujours, dit-il, de l'idée que la noblesse a pour origine le mérite, et, comme il est clair que le mérite n'est pas héréditaire, on démontre facilement que la noblesse héréditaire est chose absurde ; » mais, ajoute-t-il, « la raison sociale de la noblesse, envisagée comme institution d'utilité publique, était non pas de récompenser le mérite, mais de le provoquer, de rendre possibles, faciles même certains genres de mérite [16]. » Que la noblesse ait eu jadis son utilité, surtout au point de vue militaire, personne ne le conteste ; les castes des Indiens ont eu aussi leur utilité ; mais de nos jours en quoi la noblesse, — puisque le mérite n'y est pas héréditaire, — peut-elle favoriser l'apparition du mérite ? Quand le fils n'a pas hérité réellement des capacités de son père, suffit-il qu'il hérite de son titre pour acquérir ses capacités ? Puisque la noblesse a cette puissance merveilleuse, que ne l'applique-t-on à la science, à l'art ? pourquoi ne crée-t-on pas des académiciens héréditaires [17] ?

M. Renan, qui attribue ainsi à l'aristocratie la vertu de produire les grands hommes, soutient par contre que, « loin de chercher à élever la race, la démocratie tend à l'abaisser : elle ne veut pas de grands hommes, et s'il y avait ici un démocrate, en nous entendant parler de moyens perfectionnés pour produire des maîtres pour les autres hommes, il serait un peu surpris. » Et il y aurait de quoi, assurément, quand il s'agit de produire des « maîtres » pour exercer sur l'humanité, au moyen des engins scientifiques, la tyrannie dont M. Renan nous fait le tableau dans ses *Dialogues* et que, dans *Caliban*, Prospero voudrait réaliser [18]. Mais des grands hommes sont-ils nécessairement des a maîtres ? » Qu'une démocratie soit en défiance contre les César, les Napoléon, les ambitieux de toute sorte, on le conçoit ; mais à quel « démocrate » le génie des Hugo, des George Sand, des Delacroix, des Ary Scheffer, la science de Claude Bernard, de M. Berthelot, de M. Renan lui-même faitelle ombrage ? Qui se sent atteint par là dans son droit, dans son égalité civile et politique avec les autres hommes ? Le vrai génie n'est pas une force qui accable, mais une force qui relève.

Non-seulement l'égalité n'est pas un obstacle à l'apparition des supériorités véritables, mais on peut soutenir qu'elle est le meilleur moyen de l'assurer. Comment s'y prenait-on aux jeux olympiques pour distinguer entre tous le coureur le plus habile ? Mettait-on des entraves aux pieds des uns et non aux autres ? Opposait-on des barrières à celui-ci et point à celui-là ? Non, on ouvrait à tous la carrière et on laissait à chacun sa liberté ; ainsi font nos sociétés modernes : elles ne retiennent personne dans des limites factices et elles ouvrent l'horizon à tous. L'aristocratie, au contraire, compte sur l'ignorance et l'asservissement des masses pour susciter la science de quelques-uns ; le moyen va contre son but. « La fin de l'humanité, dit M. Renan, c'est de produire des grands hommes (proposition qu'il faudrait d'ailleurs démontrer et que nous abandonnons aux partisans des causes finales) ; le grand œuvre s'accomplira par la science, non par la démocratie... l'essentiel est moins de produire des masses éclairées que de produire de grands génies et un public capable de les comprendre. Si l'ignorance des masses est une condition nécessaire pour cela, tant pis. La nature ne s'arrête pas devant de tels soucis ; elle sacrifie des espèces entières pour que d'autres trouvent les conditions de leur vie. » La nature fait comme elle peut, et ne fait pas toujours bien ; l'intelligence nous a été donnée pour faire mieux, s'il est possible ;

Alfred Fouillée

or en quoi est-il nécessaire de sacrifier les masses et de leur retirer leurs droits civils ou politiques pour avoir des Cuvier, des Geoffroy Saint-Hilaire, des Ampère, des Champollion ? Laisser une moitié de l'humanité dans l'abaissement, dans l'infériorité, dans la servitude, c'est diminuer de moitié les chances qu'a le genre humain de voir naître des génies. Je suppose qu'il naisse un génie sur vingt millions d'hommes, moins vous aurez de millions d'hommes étouffés et esclaves, plus vous aurez de probabilités pour la production des esprits supérieurs. La nature ne réussit qu'en opérant sur des masses. Une société d'assurances qui n'opérerait pas sur les grands nombres serait sûre de se ruiner ; ainsi fait une société qui enlève au grand nombre ses droits et ses libertés afin que quelques privilégiés portent plus haut la pensée humaine. Pour élever une pyramide, il faut d'abord une large base ; M. Renan a-t-il pour idéal de faire tenir la pyramide sur la pointe ?

En somme, la diversité des intelligences et l'essor des génies n'a rien d'incompatible avec l'égalité des droits. Il est vrai pourtant d'ajouter que toutes les égalités se tiennent de près ou de loin : l'égalité des droits civils appelle l'égalité des droits politiques ; l'égalité civile et politique, à son tour, tend à produire une égalité progressive des intelligences, des connaissances, des éducations, des biens, des conditions sociales. S'il y avait dans les conditions et dans les degrés d'instruction une trop grande inégalité et une disproportion excessive, il en résulterait dans les rapports sociaux d'inévitables servitudes, et les droits eux-mêmes avec les libertés cesseraient d'être égaux en fait. Supposez, par exemple, un savoir immense chez les uns et une ignorance brute chez les. autres, de même qu'une fortune énorme d'un côté et une complète misère de l'autre ; les premiers seront maîtres même malgré eux, les seconds esclaves malgré eux : toutes les proclamations de droits abstraits n'y changeraient rien. Mais faut-il se plaindre que l'égalité des libertés appelle ainsi en théorie et tende à produire dans la pratique toutes les autres égalités ?

— Oui, répondent les partisans de l'aristocratie, cette égalité envahissante nuit au progrès intellectuel de l'espèce, car elle rabaisse l'art et étouffe la science en les vulgarisant. — Examinons celte autre thèse. Pour montrer que l'art, en se répandant dans la foule, s'abaisse, on cite d'ordinaire l'éloquence. Mais l'art oratoire, ce mélange de démonstration et de passion, n'est pas l'art pur, l'art désintéressé ; c'est un moyen d'action et un instrument pratique : c'est l'art mis au service d'un but ; l'éloquence ne peut donc servir ici d'exemple décisif. Toutefois, chez les peuples où existe l'égalité civile, l'éloquence même, forcée de s'adresser à tous, aux hommes instruits comme aux ignorants, dans le grand jour de la liberté, se voit bientôt obligée de se maintenir à un certain niveau d'élévation : n'est-ce pas à des citoyens égaux en droit que s'adressaient les Périclès, les Démosthène, les Cicéron ? — L'art dramatique est parfois, lui aussi, une sorte d'éloquence qui peut devenir grossière en ses procédés ; mais il y a des théâtres pour tous les goûts chez les peuples libres : ceux des boulevards nuisent-ils chez nous à la Comédie-Française ? les uns ne sont-ils pas souvent une initiation et une préparation aux autres ? ne faut-il pas une certaine éducation préalable en fait d'art pour s'élever peu à peu aux délicatesses et aux raffinements d'un art plus exquis ? La poésie de Victor Hugo, pour être la plus populaire en France, n'en est pas moins la plus haute. En Allemagne, où tout le monde s'occupe de musique, je ne sache pas que Mozart, Beethoven et Wagner en aient souffert ou en aient été amoindris. En tout cas, si l'art parfois s'abaisse, ce n'est pas par des règlements qu'on le relève : ce n'est pas en fermant la porte aux uns pour l'ouvrir à d'autres, ni en défendant à ceux-ci les jouissances de l'art pour les permettre à ceux-là.

Ces remarques sont bien plus vraies encore pour la science. On craint que sa vulgarisation n'arrête son progrès ; mais il y a ici deux fonctions bien distinctes : autres sont les vulgarisateurs, autres les inventeurs. Les premiers n'ont jamais empêché les seconds ; tout au contraire, mettant les éléments de la science à la portée de tous, ils permettent à un plus grand nombre de devenir inventeurs, pourvu qu'ils en aient le génie. Si Laplace n'avait pas d'abord appris) la géométrie de Clairaut, qui fut lui-même tout ensemble vulgarisateur et inventeur, Laplace n'aurait pas écrit plus tard la *Mécanique céleste*. Certains esprits craignent que l'instruction, en devenant pour tous également obligatoire, ne devienne également grossière et superficielle ; mais dans l'instruction encore il y a deux buts distincts qu'on peut et qu'on doit poursuivre : étendre l'enseignement, l'élever. Ces deux buts ne se nuisent pas l'un à l'autre ; la Prusse, pays d'instruction primaire, n'est-elle pas aussi un pays d'instruc-

Alfred Fouillée

tion supérieure ? Souvent même le meilleur moyen de répandre l'instruction, c'est de l'élever. S'il y a des pays, comme l'Amérique et la Belgique, auxquels on a pu reprocher parfois, de vulgariser la science en la faisant ramper à terre, c'est là un faux calcul qu'on ne saurait ériger en règle. On a dit avec raison que, pour distribuer au loin les eaux, il faut d'abord élever la source.

Les supériorités véritables, loin d'être oppressives, sont libératrices pour tous. La vérité découverte par le génie devient le patrimoine commun des intelligences et sert à répandre plus également la vérité. Les grands exemples de supériorité morale, de vertu et de dévouement, servent aussi à répandre la moralité et à diminuer les inégalités morales entre les hommes. La vraie supériorité et la vraie égalité, qui paraissaient d'abord ennemies, ne font donc que se rendre de mutuels services, à la condition qu'elles se produisent l'une et l'autre dans la liberté.

Aussi ne saurions-nous prendre que comme un jeu d'imagination l'hypothèse paradoxale de M. Renan sur l'avenir de l'aristocratie, qu'il oppose à celui de la démocratie. Dans les « rêves » auxquels s'abandonne l'auteur des *Dialogues*, il imagine une petite élite concentrant en elle toute la science et conséquemment toute la puissance. Cette « solution oligarchique » d'un problème qui intéresse non-seulement les destinées de la société humaine, mais celles du monde entier, est selon lui « bien plus facile à concevoir que la solution démocratique. Elle rentre tout à fait dans les plans apparents de la nature... On arrive à de pareilles idées de tous les côtés. Par l'application de plus en plus étendue de la science à l'armement, une domination universelle deviendra possible, et cette domination sera assurée en la main de ceux qui disposeront de cet armement. Le perfectionnement des armes, en effet, mène à l'inverse de, la démocratie ; il tend à fortifier non la foule, mais le pouvoir, puisque les armes scientifiques peuvent servir aux gouvernements, non aux peuples [19]. » On doit répondre d'abord qu'en fait le perfectionnement des armes, jusqu'à nos jours, loin de rejeter au second plan la force démocratique et égalitaire du nombre, ne fait que la servir et en assurer le triomphe : n'est-ce pas par le nombre autant que par la science qu'on a vu triompher les armées allemandes ? On peut se figurer, il est vrai, « des engins qui, en dehors des mains savantes, soient des ustensiles de nulle efficacité. » Mais la science ne produira ces engins que comme application de théories déjà contenues dans des livres, déjà répandues dans l'enseignement ; on ne saurait donc imaginer un génie découvrant tout d'un coup, à lui seul, une machine scientifique qui le rendrait « capable de disposer même de l'existence de notre planète et de terroriser par cette menace le monde tout entier. » « Le jour où quelques privilégiés de la raison, dit M. Renan, posséderaient le moyen de détruire la planète, leur souveraineté serait créée ; ces privilégiés régneraient par la terreur absolue, puisqu'ils auraient en leur main l'existence de tous ; on peut presque dire qu'ils seraient dieux. » Sans doute, mais les dieux ne sortent pas ainsi soudain tout armés de la tête de l'humanité, et, puisque M. Renan invoque à l'appui de l'oligarchie les lois de la nature, nous lui opposerons ici une des principales lois de l'univers, celle de la continuité, qui régit les découvertes scientifiques autant et plus que tout le reste. Lorsque les cent premiers théorèmes de la géométrie sont découverts, le cent unième arrive nécessairement, et, quand ce n'est pas un savant qui le découvre, c'en est un autre. Si Stephenson n'avait pas inventé la locomotive, un autre l'aurait inventée ; à plus forte raison pour les fusils et les mitrailleuses, dont l'invention, après tout, n'exige pas le génie d'un Newton ou d'un Laplace et ne dépasse pas l'intelligence d'un Napoléon III. On ne peut donc admettre un sorcier assez habile pour inventer tout à coup cette pierre philosophale d'un nouveau genre : une machine capable de pulvériser notre planète. Aussi, tout engin nouveau trouvé par les uns provoque des découvertes semblables ou supérieures par les autres. N'en voyons-nous pas encore un exemple de nos jours ? n'est-on pas obligé de changer sans cesse les armements pour se mettre au niveau des nouvelles inventions ? N'est-ce pas même une des causes qui tendent à rendre un jour la guerre de plus en plus difficile en la rendant de plus en plus ruineuse ? Les triomphes fondés sur la force actuelle ou sur la science actuelle, choses toujours mobiles, toujours en progrès, seront de plus en plus provisoires. On ne voit donc pas comment les gouvernements pourraient disposer contre les peuples de secrets scientifiques propres à « terroriser » le monde. Au contraire, les vrais progrès des sciences militaires tendent à armer les nations et les masses. M. Renan finit du reste par s'adresser à lui-même une objection fort juste. — « Ne pen-

Alfred Fouillée

sez-vous pas que le peuple, qui sentira venu, son maître, devinera le. danger et se mettra en garde ? » Assurément, répond M. Renan, il y aura peut-être un jour contre la physiologie et la chimie des persécutions auprès desquelles celles de l'inquisition auront été modérées ; la science se réfugiera de nouveau dans les cachettes. « Il pourra venir un temps où un livre de chimie compromettra autant son propriétaire que le faisait un livre d'alchimie au moyen âge [20]. » Mais M. Renan réfute lui-même plus loin cette étrange supposition en remarquant que l'homme un jour ne pourra plus se passer de science. Aujourd'hui la guerre, la mécanique, l'industrie, exigent la science, si bien que même les personnes les plus hostiles à l'esprit scientifique sont obligées d'apprendre les mathématiques, la physique, la chimie. « De toutes les manières, la souveraineté de la science s'impose même à ses ennemis. » De toutes les manières aussi, ajouterons-nous, et en vertu des mêmes causes, la nécessité de la science s'impose à tous et la science même pénètre chez tous. La science a donc une puissance invincible d'expansion et de diffusion. La vérité, comme la lumière, est essentiellement démocratique : elle jette ses rayons en tous sens, va droit aux obstacles et, si elle ne peut les atteindre directement, elle les atteint par réflexion, si elle ne peut les pénétrer d'outre en outre, du moins elle les éclaire au dehors et les échauffe au dedans. Quand tout s'illumine ainsi autour de vous, on cherche en vain à se cacher dans l'obscurité, il est impossible de ne pas recevoir quelque lueur détournée de l'universelle clarté. Plus la science s'accroît, plus s'accroît aussi le nombre d'hommes qui y participent ; on ne peut donc supposer une oligarchie l'accaparant pour elle seule et soufflant à l'improviste sur l'esprit de l'humanité comme sur un flambeau. L'égalité n'a rien à craindre de la science, ni la science de l'égalité.

IV

Toutes les oppositions que nous avons remarquées entre l'école démocratique et l'école aristocratique proviennent selon nous d'une opposition fondamentale, celle de leurs points de vue sur l'univers et sur la société ; ces deux écoles se représentent d'une façon toute contraire et l'idéal et la nature et l'action de l'idéal sur la nature. M. Renan voudrait réserver l'honneur de l'idéalisme pour les doctrines aristocratiques, et il qualifie la doctrine démocratique sur l'égalité de a matérialisme en politique. » D'après les démocrates en effet, dit-il, la société n'a qu'un seul but, « c'est que les individus qui la composent jouissent de la plus grande somme possible de bien-être, sans souci de la destinée idéale de l'humanité. Que parle-t-on d'élever, d'ennoblir la conscience humaine ? Il s'agit seulement de contenter le grand nombre, d'assurer à tous une sorte de bonheur vulgaire [21]. » A ces traits, qui seraient tout au plus fidèles pour caractériser l'utilitarisme anglais, nous ne pouvons reconnaître la doctrine française sur le droit et l'égalité des droits. Est-ce sur le bien-être matériel ou sur le respect de la liberté et de l'intelligence que la notion du droit repose ? Croire que la valeur de l'homme est sans commune mesure avec les intérêts matériels ou les forces matérielles, parce qu'il est capable de développer indéfiniment son intelligence et sa volonté, de s'élever et de se transfigurer par son propre effort, est-ce n'avoir « nul souci de la destinée idéale de l'humanité ? » est-ce refuser « d'ennoblir la conscience humaine ? » — « Aux yeux d'une philosophie éclairée, ajoute M. Renan (et il entend par là la philosophie de l'inégalité), la société est un grand fait providentiel ; elle est établie non par l'homme, mais par la nature elle-même, afin qu'à la surface de notre planète se produise la vie intellectuelle et morale... La société humaine, mère de tout idéal, est le produit direct de la volonté suprême qui veut que le bien, le vrai, le beau, aient dans l'univers des contemplateurs. Cette fonction transcendante de l'humanité ne s'accomplit pas au moyen de la simple coexistence des individus. » Sans prétendre ainsi parler au nom de la Providence, la philosophie française du droit assigne à l'humanité un but plus élevé encore, ou plutôt elle invite l'humanité à se l'assigner elle-même et à le poursuivre de ses efforts ; elle ne veut pas seulement que le bien, le vrai, le beau, aient des « contemplateurs, » petite élite brûlant d'un amour platonique pour la vérité abstraite au-dessus d'elle, et au-dessous d'elle pour le reste de l'humanité plongé dans les ténèbres ; elle substitue à la contemplation l'action, à l'amour platonique l'amour effectif et fécond ; elle veut que le vrai, le bien, le beau, se réalisent tout entiers chez l'homme et pour cela se réalisent dans toutes les volontés, dans toutes les intelligences, selon la mesure de leur capacité et avec la perpétuelle espérance du progrès ; elle veut en un mot que l'idéal descende réellement dans l'humanité entière, et, selon la

Alfred Fouillée

conception du poète, que le ciel sur la terre marche et respire dans un peuple d'hommes libres et égaux. L'idéal de la religion aristocratique n'est, sous un nom vague, que le Dieu de la grâce : il a ses prédestinés ; non-seulement tous les hommes ne sont pas élus devant lui, mais tous ne sont pas appelés. Ce n'est pas seulement la jouissance qui est réservée à quelques privilégiés, c'est la vérité, c'est la vertu même, et le catholicisme sans surnaturel a les bras encore plus étroits que le catholicisme orthodoxe [22]. On pourrait lui dire ce que Diderot disait aux théologiens : Élargissez votre Dieu, élargissez votre idéal ! Le véritable idéalisme n'est pas celui qui veut son objet borné, mais celui qui le veut infini.

Au fond, l'idéalisme dédaigneux de l'école aristocratique, tout en protestant de son adoration pour l'idéal, n'a foi ni dans là puissance de cet idéal même ni dans la puissance de la nature, deux choses finalement identiques. Quelle est la supposition fondamentale, le « postulat » de toute cette doctrine ? C'est que « la vie intellectuelle et morale » ne peut éclore qu'en un « petit nombre, » que l'idéal est impuissant à pénétrer la nature entière, que la nature de son côté est impuissante à le recevoir. Jusqu'à présent, dans le cours de l'histoire, le sacrifice des uns a paru nécessaire au progrès des autres ; de cette loi du passé, on fait à tout jamais la loi de l'avenir, comme Aristote faisait de l'esclavage une nécessité éternelle. Selon l'école aristocratique, pour qu'une élite de « contemplateurs » parvienne à élever la tête au-dessus des hautes murailles où nous sommes emprisonnés, il faut qu'elle se dresse sur l'écrasement de masses entières ; l'école démocratique, au contraire, veut que tous, en se prêtant un mutuel appui, aient l'espoir de monter jusque-là et que ceux qui sont arrivés les premiers fassent tomber pierre par pierre les murs mêmes de la prison, jusqu'à ce que l'horizon s'ouvre librement devant tous. — Idéal irréalisable, dira-t-on. — Qu'en savez-vous ? avez-vous mesuré les ressources de la nature et surtout celles de la nature humaine ? S'il n'y a pas incompatibilité entre votre cerveau et la vérité ou la vertu, pourquoi dans l'avenir la vérité et la vertu seraient-elles inaccessibles aux autres cerveaux faits comme le vôtre d'une masse nerveuse où le sang circule ? Qu'est-ce après tout que la pensée ? Une transformation de la force, de la vie. La morale et la politique modernes, pénétrées de l'esprit vraiment scientifique, ne poursuivent pas un autre problème que celui du sa-

vant qui cherche à transformer la chaleur et la lumière en mouvement, ou le mouvement en lumière et en chaleur. Le vrai idéalisme
ne diffère pas du vrai naturalisme, parce que c'est la nature même
qui arrive à penser l'idéal et à le réaliser en le pensant. Aussi rien
n'est-il plus contraire à l'esprit scientifique que ce dédain exagéré
de la « matière, » affecté par. l'école aristocratique, ce dédain de
la « jouissance, » du « bien-être, » de la « richesse. » — « La base
toute négative, dit M. Renan, que les hommes secs et durs de la
révolution donnèrent à la société française ne peut produire qu'un
peuple rogue et mal élevé ; leur code, œuvre de défiance, admet
pour premier principe que tout s'apprécie en argent, c'est-à-dire en
plaisir. » Outre que ces paroles sont peu justes pour une législation
fondée tout entière sur l'idée du droit et de la liberté humaine, elles
ne tiennent pas compte de ce fait que les biens matériels sont des
conditions et des moyens pour les biens intellectuels ou moraux.
Il y a là des « équivalents » de force, comme on dit en physique,
et il ne s'agit au fond que de transformer une force dans l'autre.
Donnez-moi une grande quantité de mouvement, et je vous donnerai une grande quantité de chaleur et de lumière ; mettez à ma
disposition des milliards, pourrait dire un politique éclairé, et je
vous donnerai des hommes instruits, savants, des « contemplateurs du beau et du bien, » ou mieux encore des créateurs du beau
et du bien, des génies. Il s'agit seulement de trouver le meilleur
ensemble de moyens pour transformer les avantages matériels en
avantages intellectuels et « l'argent » même en idées. Les sociétés
modernes n'ont besoin pour cela ni de brahmanes ni de parias. Le
problème n'est point aussi mystique qu'on l'imagine : accroître le
plus possible la somme de richesse matérielle et d'instruction, la
répartir le plus également possible chez tous de manière à provoquer l'apparition des supériorités là où elles existent, voilà la question, qui est toute économique et sociale.

L'instruction, à son tour, se transformera en puissance : savoir
c'est, pouvoir, selon la profonde parole d'Aristote et de Bacon.
Avec la science même le pouvoir s'étendra donc à tous et s'égali-
sera de plus en plus dans la société. Il arrivera un jour où la sta-
tistique pourra calculer approximativement le degré probable de
force intellectuelle inhérent à une masse d'hommes par la simple
application de là loi des grands nombres, dans laquelle rentrera

l'exception même du génie, comme y rentrent dès aujourd'hui les anomalités apparentes dues à la liberté humaine. En résultera-t-il, comme on le craint, un abaissement général ? Est-il vrai que a la France soit amenée à concevoir la perfection sociale comme une sorte de médiocrité universelle ? » Nullement, mais comme une universelle élévation. Pourquoi M. Renan n'applique-t-il pas à la société ce qu'il espère pour l'univers ? Il suppose que la science le transformera en mieux ; pourquoi ne transformerait-elle pas aussi en mieux la société humaine ? Il suppose que la science créera la conscience universelle et divine, créera Dieu ; pourquoi ne pourrait-elle pas, à plus forte raison, créer une conscience sociale supérieure, répartie de plus en plus également dans tous les membres du corps social ? En fait d'inventions scientifiques, il n'est rien que M. Renan ne soit disposé à admettre ; en fait d'améliorations politiques, surtout dans les démocraties, il n'admet presque rien. Pourtant, si l'on suppose un pays dont les savants seront un jour assez instruits pour inventer les moyens d'anéantir la planète, on peut supposer dans ce même pays le peuple assez instruit pour ne pas être ennemi de la science et envieux de toute supériorité. Dans le livre de M. Renan, l'artifice de l'argumentation consiste à raisonner de l'avenir comme si tous les abus du présent devaient coexister avec les découvertes futures les plus merveilleuses, comme si, par exemple, tous les, maux politiques du temps actuel devaient subsister à côté des miracles scientifiques de l'avenir. Supposez qu'un penseur d'autrefois eût prévu la découverte des locomotives et, ne sachant comment on parviendrait à les diriger, se fût désolé d'avance sur les accidents journaliers qu'elles pourraient produire, sur les hommes qu'elles écraseraient, sur les champs qu'elles ravageraient ; on aurait pu lui répondre que, si les ingénieurs de l'avenir étaient assez habiles pour découvrir une machine aussi puissante, ils auraient sans doute assez d'habileté pour trouver le moyen de la diriger. Il en est de même de la liberté et de l'égalité démocratiques : quelques rails de plus à établir sur les larges voies de la civilisation ne sont pas une invention qui surpasse la capacité de l'intelligence humaine. En tout cas, quelque difficile que soit la question sociale, il est permis de penser qu'elle sera résolue avant le problème de la pulvérisation facultative de notre planète.

Dans le drame philosophique que M. Renan vient d'écrire, après le triomphe de Caliban, qui personnifie le peuple, Ariel, ce génie de l'idéalisme jusqu'alors au service de Prospero et de l'aristocratie, ne veut plus participer à la vie des hommes : « Cette vie est forte, dit-il, mais impure. » Désolé, découragé, il préfère rentrer dans le sein de la nature, s'y dissoudre, s'y perdre : — « Je serai l'azur de la mer, la vie de la plante, le parfum de la fleur, la neige bleue des glaciers. » Mais pourquoi, au lieu de s'abîmer dans la nature aveugle, Ariel ne se répandrait-il pas dans l'humanité entière, se faisant chez les uns simple germe d'intelligence, fleurissant et s'épanouissant dans le génie des autres, mais partout présent et animant tout de sa pure flamme ? Au lieu d'être le serviteur d'un seul homme, — Prospero, — ou d'une seule classe, — les nobles et les savants, — il serait ainsi au service de tous à des degrés divers, dans la mesure où chacun vit d'idéal. Pourquoi enfin, avec le temps, ne transfigurerait-il pas le peuple lui-même, si bien qu'au bout d'un certain nombre de siècles Caliban, prenant conscience de l'esprit qui habite en lui, qui est lui-même, serait devenu Ariel ?

En résumé, dans la question de l'égalité comme dans celle de la liberté nous unissons, le point de vue naturaliste et le point de vue idéaliste. Si l'école aristocratique a raison de soutenir que l'inégalité primitive des hommes est un fait de nature, l'école démocratique a raison de répondre que l'égalité finale est l'idéal de la pensée. Sous l'influence de cette pure idée, type d'action que nous élevons dans notre intelligence au-dessus des forces et des intérêts matériels, les libertés qui allaient entrer en conflit s'arrêtent, et chacune s'impose volontairement les limites nécessaires à l'égale liberté d'autrui : ainsi se réalise le droit. Par là l'humanité ne va pas réellement contre la nature même, car, si au premier abord celle-ci nous a semblé ennemie de l'égalité, à un point de vue supérieur l'égalité nous apparaît comme sa loi fondamentale et sa tendance essentielle. En le niant, l'école aristocratique a rétréci la nature comme elle a rétréci l'idéal. Équivalence et transformation des forces, voilà le dernier mot de la science contemporaine : c'est une formule d'équilibre et d'égalité, qui n'exclut pas le progrès. La nature tient toujours son budget en équilibre : elle aussi, comme la justice, a sa balance dont les plateaux n'oscillent que pour revenir à l'égalité. L'exception même rentre dans la règle, l'extraordinaire rentre dans l'ordre ; les supériorités qui semblaient d'abord un miracle dans la nature s'effacent

Alfred Fouillée

dans l'égalité des moyennes. Prenez les faits par grands nombres et les êtres par masses, vous verrez tout se fondre et s'équilibrer : variable est la température de chaque jour, uniforme est celle clés années ; les saisons changent, mais les saisons reviennent, ce que la vie a pris, la mort le lui prend et la vie le reprend à la mort. Est-ce à dire que la nature n'avance pas ? Non, mais elle maintient l'équivalence de l'être jusque dans le progrès de ses formes. Et comment avance-t-elle ? En brisant toutes les formes étroites et fixes, tous les cadres artificiels, toutes les castes immobiles, toutes les noblesses, toutes les royautés, toutes les prétendues éternités de ce monde. Quand on entrave son évolution, elle a recours à des révolutions et à des cataclysmes. Elle se sert au besoin des grands hommes, mais elle se sert aussi et surtout des grandes masses : c'est avec des animalcules qu'elle a fait des continents, c'est avec des infiniment petits qu'elle a fait des infiniment grands. L'humanité à son tour, qui n'est que la nature devenue consciente de son essentielle identité avec l'idéal, s'avance volontairement dans la même direction. L'égale diffusion des résultats du travail humain au profit de tous, loin de nuire au mouvement de l'humanité, le favorise ; loin d'entraver l'essor des supériorités intellectuelles et morales, elle le provoque. La grande loi du monde, la sélection naturelle, continue de s'exercer au sein des sociétés humaines ; seulement elle s'y exerce de plus en plus par voie de liberté, puisque les hommes supérieurs font accepter librement leur supériorité même ; de plus, au lieu d'aboutir comme dans la nature au règne de la violence, elle assure le règne du droit et le progrès final de l'égalité même. Ainsi peu à peu se substitue au bien de quelques-uns le bien de tous, à la force qui écrase les uns sous les autres l'intelligence qui fait participer chacun à l'élévation de tous.

Notes

1.   Voyez la Revue du 15 février et du 1er avril.

2.   Sans doute il est des peuples, comme l'Angleterre, qui s'imaginent atteindre la liberté en dehors de l'égalité et par l'inégalité même : l'esprit français voit là une illusion d'optique. En Angleterre même, sur tous les points où existe la liberté, existe aus-

si l'égalité : par exemple, la liberté de la parole et de la presse étant reconnues, tous les citoyens peuvent également parler et écrire, il y a donc là liberté et égalité à la fois ; au contraire les privilèges relatifs à la propriété du sol, en même temps qu'ils sont une inégalité, sont aussi une atteinte à la liberté des uns pour le profit des autres.

3.   En 1785, Arthur Young s'étonne de voir chez nous « la terre tellement divisée ; » en 1738, l'abbé de Saint-Pierre, après avoir demandé des renseignements nombreux à plusieurs intendans, remarque qu'en France « les journaliers ont presque tous un jardin ou quelque morceau de vigne ou de terre. » (Œuvres, édition de Rotterdam, t. X, p. 251.) En 1697, Boisguillebert déplore la nécessité où les petits propriétaires se sont trouvés sous Louis XIV de vendre une grande partie des biens acquis au XVIe et au XVIIe siècle.

4.   Voyez les rapports sur l'exposition de Vienne et sur celle de Philadelphie.

5.   Voyez la Revue du 1er avril.

6.   Réflexions philosophiques sur la tolérance des opinions, Œuvres, t. IV, p. 133.

7.   Auguste Comte a dit en effet : « Ce qui devait nécessairement périr dans le catholicisme, c'était la doctrine et non l'organisation… Une telle constitution, convenablement reconstruite sur des bases intellectuelles à la fois plus étendues et plus stables, devra finalement présider à l'indispensable réorganisation spirituelle des sociétés modernes… Cette explication générale… sera de pins en plus confirmée par tout le reste de notre opération historique, dont elle constituera spontanément la principale conclusion politique. » Philosophie positive, t. V, p. 314. — « Tout l'art de la législation, dit-il encore, est d'assurer l'uniforme assujettissement de toutes les classes quelconques aux devoirs moraux attachés à leurs positions respectives, sous l'impulsion continue d'une autorité spirituelle assez énergique et assez indépendante pour assurer le maintien usuel d'une telle discipline universelle. »

8.   Dialogues philosophiques, 128, 129, 131.

9.   « La société, a dit aussi M. Renan, est un édifice à plusieurs étages, où doit régner la douceur, la bonté (l'homme y est tenu même envers les animaux), non l'égalité. » (La Réforme intel-

lectuelle, p. 197.)

10. D'ailleurs, dans sa Réforme intellectuelle, M. Renan in-sinue qu'on devrait conquérir les Chinois, « race d'ouvriers, » et les nègres, « race de travailleurs de la terre : » — « Soyez pour eux bons et humains, et tout sera dans l'ordre. » page 94.

11. Voyez la Revue du 1er avril.

12. « Il n'y a d'esclave naturel, disait Epictète, que celui qui ne participe pas à la raison ; or cela n'est vrai que des bêtes et non des hommes. Si l'âne avait en partage la raison et la volonté, il se refuserait légitimement à notre empire ; il serait un être semblable à nous. »

13. La Réforme intellectuelle et Morale, p. 245.

14. Dans son beau livre sur l'Hérédité, M. Ribot a montré la faiblesse du double argument qu'on invoque en faveur de la supé-riorité des classes nobles, la sélection et la transmission hérédi-taire : 1° Quant à la sélection, la noblesse, qui prétendait être une élite, ne le fut jamais qu'en un sens très restreint, celui des vertus guerrières ; 2° quant à la transmission héréditaire des supériorités, elle est en opposition avec une des lois essentielles que M. Ribot a mises en lumière : l'affaiblissement de l'hérédité avec le temps ou l'abâtardissement de l'espèce. « Les citoyens des républiques anciennes, dit aussi M. Littré, n'ont jamais pu se maintenir par la reproduction. Les 9,000 Spartiates du temps de Lycurgue étaient réduits à 1,900 du temps d'Aristote. » Pope faisait remarquer que l'air noble que devait avoir la noblesse anglaise était précisément celui qu'elle n'avait pas ; en Espagne, on disait que, lorsqu'on an-nonçait dans un salon un grand, on devait s'attendre à voir en-trer une espèce d'avorton ; enfin, en France, on imprimait qu'en voyant cette foule d'hommes qui composaient la haute noblesse de l'état, on croyait Être dans une société de malades ; le marquis de Mirabeau lui-même traite les nobles d'alors de pygmées, de plantes sèches et mal nourries. — Ajoutons que, si la transmission hérédi-taire des vertus était prouvée, il faudrait admettre par cela même la transmission héréditaire des vices, conséquemment l'impureté, l'indignité de certaines castes. Ce serait revenir au brahmanisme.

15. Il est d'ailleurs bien difficile de saisir ce que M. Renan entend au juste par la noblesse ; il en parle comme s'il s'agissait

des classes privilégiées par la loi, mais ailleurs il déclare ridicule l'opinion qui attache la noblesse à la particule de ; ailleurs encore il parait entendre par noblesse de naissance toute qualité qu'on apporte en naissant : « Une société n'est forte qu'à la condition de reconnaître le fait des supériorités naturelles, lesquelles au fond se réduisent à une seule, celle de la naissance, puisque la supériorité intellectuelle et morale n'est elle-même que la supériorité d'un germe de vie éclos dans des conditions particulièrement favorisées. » (Réforme intellectuelle, p, 49). A ce compte, la noblesse peut se trouver partout, comme son contraire : il y a de nobles vilains et de vilains nobles ; mais est-ce là ce qu'on entend quand on parle des privilèges aristocratiques ?

16.   « Essentiellement borné, le suffrage universel ne comprend pas la nécessité de la science, la supériorité du noble et du savant. » (Réforme intellectuelle, p. 45).

17.   La Réforme intellectuelle, p. 245.

18.   « Il pourra exister, dit M. Renan, des engins qui, en dehors des mains savantes, soient des ustensiles de nulle efficacité. De la sorte, on imagine le temps où un groupe d'hommes régnerait par un droit incontesté sur le reste des hommes. Alors serait reconstitué le pouvoir que l'imagination populaire prêtait autrefois aux sorciers. Alors l'idée d'un pouvoir spirituel, c'est-à-dire ayant pour base la supériorité intellectuelle, serait une réalité. Le brahmanisme a régné des siècles, grâce à la croyance que le brahmane foudroyait par son regard celui contre qui s'allumait sa colère… Un jour peut-être la science jouira d'un pouvoir analogue… Les dogmes chrétiens, pendant des siècles, ont eu la force de brûler ceux qui les niaient ; ce serait directement et ipso factoque les dogmes scientifiques anéantiraient ceux qui n'y croiraient pas… Une large application des découvertes de la physiologie et du principe de sélection pourrait amener la création d'une race supérieure, ayant son droit de gouverner non-seulement dans sa science, mais dans la supériorité même de son sang, de, son cerveau et de ses nerfs. » Dialogues, p. 106 et suiv.

19.   « Nos moyens de domination, dit Prospero dans Caliban, sont brisés dans nos mains ; il faut attendre qu'on en ait inventé d'autres, d'autres que le peuple ne puisse appliquer. » — «

Alfred Fouillée

J'inventerai des engins dont ils ne pourront se servir. »

20.   Cf. Caliban, p. 48 : « Guerre aux livres ! ce sont les pires ennemis du peuple. Ceux qui les possèdent ont des pouvoirs sur leurs semblables… Cassez-lui aussi ses cornues de verre et tout son outillage. Sans ses livres, il sera comme nous. »

21.   La Réforme intellectuelle, p. 241. — Caliban, p. 70 : « La révolution, c'est le réalisme… Tout ce qui est idéal, non substantiel, n'existe pas pour le peuple… Le peuple est positiviste. » Nous lui ferions plutôt le reproche contraire, de s'être trop sacrifié à des idées, parfois à des chimères.

22.   « Il n'est pas possible que tous jouissent, que tous soient bien élevés, délicats, vertueux même dans le sens raffiné ; mais il faut qu'il y ait des gens de loisir, savans, bien élevés, délicats, vertueux, en qui et par qui les autres jouissent et goûtent l'idéal… C'est la grossièreté de plusieurs qui fait l'éducation d'un seul, c'est la sueur de plusieurs qui permet la vie noble d'un petit nombre. » (La Réforme intellectuelle, p. 216.) « Que l'église admette deux catégories de croyans, » ceux qui croiront au surnaturel et ceux qui n'y croiront pas ; « ne vous mêlez pas de ce que nous enseignons, de ce que nous écrivons, et nous ne vous disputerons pas le peuple ; ne nous contestez pas notre place à l'université, à l'académie, et nous vous abandonnerons sans partage l'école de campagne. » (Ibid, p. 98.)

ISBN : 978-1548608088